Ontdek de kunst van het maken van voortreffelijke taarten en taartjes

100 verrukkelijke recepten voor elke gelegenheid

Lynn Dekker

Auteursrechtelijk materiaal

©2023 GILBERT CA

Alle rechten voorbehouden

Geen enkel deel van dit boek mag in welke vorm of op welke manier dan ook worden gebruikt of verzonden zonder de juiste schriftelijke toestemming van de uitgever en de eigenaar van het auteursrecht, met uitzondering van korte citaten die in een recensie worden gebruikt. Dit boek mag niet worden beschouwd als vervanging van medisch, juridisch of ander professioneel advies.

INHOUDSOPGAVE

INHOUDSOPGAVE..3
INVOERING..8
KORST EN SCHELPEN...9
1. Basis schilferige taartkorst..10
2. De onkrimpbare zoete taartschaal................................13
3. Kaastaartjes..16
4. Tarte schaal van maïsmeelkorst....................................18
5. Taartschelpen in vrije vorm...20
6. Chocolade korst...22
7. Graham-korst..24
8. Mini Taartschelpen..26
9. Franse Zoete Taartkorst..29
10. Roomkaas Taart Schelpen..31
11. Walnoot Taartje Schelpen..33
12. Phyllo Taart Schelpen..36
13. Zandkoek Taart Korst..38
14. Eiloze Taart Korst...41
15. Volkoren Taart Korst...44
CHOCOLADETAARTJES...46
16. Truffeltaart met espressosaus.....................................47
17. Donkere Chocoladetaart Met Gingersnap Korst...........50
18. Chocolade brownietaart..53
19. Chocolade botertaartjes..56
20. Chocolade minitaartjes met kokos..............................58

21. Chocolade-hazelnoottaart..60
22. Chocolade mascarpone notentaart..................................63
23. Chocolade miniatuurtaartjes..67
24. Chocoladetruffeltaart met frambozen............................69
25. Cranberry en witte chocoladetaart.................................72
26. Dubbele chocoladeroomtaart..75
27. Fudgy chocoladetaart...78
28. Vers fruit en chocoladetaart..81
29. Pittige chocoladetaart..84
30. Aardbeienmousse met witte chocolademousse..............87
31. Zweeds chocoladedessert koningstaartjes....................90
32. Bananenroomtaart van witte chocolade........................93
33. Wicked donkere chocoladetaart......................................96
ZEEVRUCHTEN TAARTJES..99
34. Zeevruchtentaartjes uit Alaska....................................100
35. Langoesten en pittige kaastaart...................................102
36. Sint-jakobsschelpen en blauwe kaastaart...................104
37. Romige taart van gerookte zalm en dille....................106
38. Noorse zalmtaartjes...109
39. Kleine gerookte zalmtaartjes.......................................112
40. Feestelijke garnalentaartjes...114
41. Garnalen , ui en tomatentaart.....................................116
42. Garnalencocktailtaartjes..119
NOTENTAARTJES..121
43. Amandel taart..122
44. Mexicaanse chocoladetaart met gekruide pecannoten 125
45. Frangipanetaart met seizoensfruit..............................128

46. Bakewell-taart..131
47. Taartje van appel-notenrooster.......................................133
48. Abrikozen-macadamia notentaart...................................136
49. Notentaart met bramenroom...139
50. Wortel-notentaart..142
51. Karamel notentaart..144
52. Notenvruchtentaartjes...147
53. Sinaasappel paranotentaartje...149
54. Pijnboompittentaart...152
FRUITTAARTJES...154
55. Amandel-abrikozentaartjes...155
56. Elzasser pruimentaart...157
57. appeltaart..159
58. Tarte tatin van appel en rozijnen....................................161
59. Appel-kaneeltaart..163
60. Omgekeerde appeltaart met cranberry's......................165
61. Appel-frambozentaart...167
62. Bosbessen Karnemelk Taart..170
63. Gemengde fruittaart..173
64. Vruchtentaartjes voor de feestdagen...........................176
65. Vruchtentaart regenboog..178
66. Vruchtentaart met vanilleroom.......................................181
67. Vruchtentaart Parisienne..183
68. Premier taart van wit fruit...186
GROENTENTAART..188
69. Alpenaardappeltaart...189
70. Artisjok taart..191

71. Pompoentaart Cheesecake Taart..194

72. Geroosterde groentetaartjes...196

73. Briochetaartje van geroosterde groenten en geitenkaas 198

74. Hartige groentetaart..201

75. Vlaai van groenten..204

KAAS TAARTJES...207

76. Elzasser kaastaart..208

77. Amaretto cheesecake taartjes...210

78. Belgische kaastaart..212

79. Paprika en kaastaart..214

80. Ontbijt kaastaart..217

81. Romige knoflook- en kaastaart......................................220

82. Curry en chutney kaastaart..222

83. Franse kaastaart...224

84. Taartje van geitenkaas en spinazie.................................227

85. Gouden ananas-kaastaart..229

86. Druiven geest krententaart met fontinakaas................232

87. Kruidenkaastaartjes..235

88. Mediterrane kaastaart...238

89. Citroen-kaastaartjes..241

90. Papaya-roomkaastaartje met macadamianoten..........243

91. Ricotta kaas en spinazie taart...246

92. Kaastaart uit het zuidwesten...248

PADDESTOELENTAART...250

93. Exotische paddenstoelentaart..251

94. Bladerdeegtaartjes met champignons..........................254

95. van gegrilde aubergine en champignons......................256
96. Champignon filodeegtaartjes...259
97. Rokerige champignontaart...262
98. Driedubbele champignontaart...265
99. Taartje van wilde paddenstoelen en geitenkaas...........267
100. Taartje van wilde paddenstoelen en pecorino............270
CONCLUSIE..272

INVOERING

Welkom! Dit kookboek is ontworpen om je passie voor het maken van verrukkelijke taarten en tartlets aan te wakkeren die indruk zullen maken op zowel familie als vrienden. Of je nu een ervaren bakker bent of net begint aan je culinaire reis, dit boek leidt je door de kunst van het helemaal opnieuw maken van onweerstaanbare gebakjes.

Op deze pagina's vind je een schat aan recepten, zorgvuldig samengesteld om een breed scala aan smaken en stijlen te bieden. Van klassieke fruittaarten boordevol seizoensproducten tot hartige taartjes boordevol gastronomische ingrediënten, er is voor elk wat wils. Ons doel is om u de kennis en technieken te bieden die nodig zijn om perfect gebakken, gouden korstjes en heerlijke vullingen te maken waar iedereen voor terugkomt.

Elk recept gaat vergezeld van stapsgewijze instructies, handige tips en prachtige foto's om u te inspireren en op weg te helpen. Je leert de kunst van het maken van een schilferige en boterachtige korst onder de knie te krijgen, verschillende vullingsopties te verkennen en te experimenteren met unieke smaakcombinaties die je taartvaardigheden naar nieuwe hoogten zullen tillen.

Of u nu een elegant etentje organiseert, een speciaal dessert voor een geliefde bereidt of gewoon een zoete traktatie voor uzelf wilt, de recepten in dit kookboek zullen uw bakinspanningen veranderen in onvergetelijke culinaire ervaringen. Dus pak je deegroller, stof je schort af en laten we beginnen aan een heerlijke reis door de wereld van taarten en taartjes!

KORST EN SCHELPEN

1. Basis schilferige taartkorst

Voor: 1 taartvorm

INGREDIËNTEN:
- 8 eetlepels ongezouten boter, koud
- 1 ⅓ kopjes + 4 eetlepels banketbakkersmeel
- ¼ theelepel zout
- 2 ½ tot 3 ½ eetlepels ijswater
- 1 ½ theelepel ciderazijn Optioneel
- ⅛ theelepel bakpoeder

INSTRUCTIES:
a) Verdeel de boter in twee delen, ongeveer tweederde tot een derde .
b) Snijd de boter in blokjes van ¾-inch.
c) Wikkel elke portie boter in plasticfolie, koel de grotere hoeveelheid en vries de kleinere in gedurende minimaal 30 minuten.
d) Doe de bloem, het zout en het bakpoeder in een diepvrieszak van een liter en vries gedurende minstens 30 minuten in.
e) Voeg de grotere hoeveelheid boterklontjes toe aan de bloem en verwerk dit ongeveer 20 seconden of tot het mengsel op een grove maaltijd lijkt.
f) Voeg de resterende bevroren boterblokjes toe en pulseer tot alle bevroren boter zo groot is als erwten.
g) Voeg de kleinste hoeveelheid ijswater en de azijn toe en pulseer 6 keer. Knijp een kleine hoeveelheid van het mengsel tussen je vingers door elkaar.
h) Laat voor kleine taartjes van 1 inch het bakpoeder weg en laat de verwerking doorgaan tot de bal zich vormt.
i) Schep het mengsel in de plastic zak.
j) Houd beide uiteinden van de opening van de zak met uw vingers vast en kneed het mengsel door er afwisselend op te drukken, vanaf de buitenkant van de zak, met de knokkels en hielen van uw handen totdat het mengsel in één stuk bij elkaar

blijft en enigszins rekbaar aanvoelt wanneer eraan wordt getrokken.

k) Wikkel het deeg in plasticfolie, druk het plat tot een schijf en leg het minstens 45 minuten in de koelkast.

2. De onkrimpbare zoete taartschaal

Maakt: genoeg voor een taartbodem van 9 inch

INGREDIËNTEN:
- 1 ½ kopje bloem voor alle doeleinden
- ½ kopje banketbakkerssuiker
- ¼ theelepel zout
- 1 stok plus 1 eetlepel ongezouten boter, in kleine stukjes gesneden
- 1 groot ei

INSTRUCTIES:
a) Maal de bloem, suiker en zout samen in de kom van een keukenmachine. Verdeel de stukjes boter erover droge ingrediënten en pulseer tot de boter grof is ingesneden.
b) Roer de dooier, gewoon om het te breken, en voeg het beetje bij beetje toe, pulserend na elke toevoeging.
c) Als het ei erin zit, verwerk je het in lange pulsen - ongeveer 10 seconden elk - totdat het deeg, dat er korrelig uitziet kort nadat het ei is toegevoegd, klonten en wrongel vormt. Vlak voordat je dit stadium bereikt, verandert het geluid van de machine die het deeg bewerkt - let op.
d) Leg het deeg op een werkoppervlak en kneed het deeg heel licht en spaarzaam om alles op te nemen droge ingrediënten die misschien aan de vermenging is ontsnapt. Koel het deeg, gewikkeld in plastic, ongeveer 2 uur voordat u het rolt.
e) Om het deeg te rollen: Boter een 9-inch gecanneleerde taartvorm met een verwijderbare bodem.
f)
g) Rol het gekoelde deeg uit op een met bloem bestoven vel perkamentpapier tot een ronde lap van 30 cm, til het deeg af en toe op en draai het om het los te maken van het papier.
h) Gebruik papier als hulpmiddel en verander het deeg in een taartvorm met een diameter van 9 inch en een verwijderbare bodem; verwijder het papier.
i) Dicht eventuele scheuren in het deeg af.

j) Trim overhang twee ½ inch. Vouw de overhang naar binnen en maak dubbeldikke zijkanten.
k) Prik de korst overal in met een vork.
l) U kunt het deeg er ook in drukken zodra het verwerkt is: druk het gelijkmatig over de bodem en langs de zijkanten van de taartvorm.
m) Vries de korst minimaal 30 minuten in.
n) Om de korst geheel of gedeeltelijk te bakken: Centreer een rek in de oven en verwarm de oven voor op 375 graden F. Boter de glanzende kant van een stuk aluminiumfolie en plaats de folie, met de beboterde kant naar beneden, stevig tegen de korst.
o) En hier is het allerbeste: aangezien je de korst hebt ingevroren, kun je hem bakken zonder gewichten. Zet de taartvorm op een bakplaat en bak de korst 20 tot 25 minuten.
p) Verwijder voorzichtig de folie. Als de korst gepoft is, drukt u deze voorzichtig aan met de achterkant van een lepel.
q) Bak de korst ongeveer 10 minuten langer om hem volledig te bakken, of tot hij stevig en goudbruin is.
r) Breng de pan over naar een rooster en laat de korst afkoelen tot kamertemperatuur.

3. Kaastaartjes

Maakt: 4 porties

INGREDIËNTEN:
- ½ kopje Groentetekort
- 5 ons Amerikaanse smeerkaas; 1 pot
- 1½ kopje Ongebleekt meel

INSTRUCTIES:
a) Combineer het bakvet en de smeerkaas in een kom.
b) Snijd de bloem met twee messen door het kaasmengsel tot alles goed gemengd is.
c) Vorm er een rol van 1¼ inch in diameter en 12 inch lang.
d) Wikkel volledig in vetvrij papier of plastic folie.
e) Zet 1 uur of langer in de koelkast. Verwarm de oven voor op 375 graden F.
f) Haal het deeg uit de koelkast en pak het uit. Plak ⅛-inch dik.
g) Gebruik 12 muffinvormpjes of 3-inch taartpannen en plaats 1 plakje deeg op de bodem van elk.
h) Overlap 5 plakjes rond de buitenkant van elk.
i) Druk ze voorzichtig tegen elkaar. Prik met een vork gaatjes in de bodem en zijkanten.
j) Bak gedurende 18 tot 20 minuten in de voorverwarmde oven tot ze lichtbruin zijn.
k) Koel in de pan op een rek en verwijder voorzichtig de schelpen als ze koud aanvoelen.

4. Tarte schaal van maïsmeelkorst

Maakt: 1 portie

INGREDIËNTEN:
- 2½ kopjes maïsmeel
- 1 theelepel zout
- 1 stok koude ongezouten boter; in stukjes snijden
- 6 eetlepels vast plantaardig bakvet; koud
- 5 eetlepels ijswater

INSTRUCTIES:
a) Meng de bloem en het zout in een kom. Werk met je handen de boter en het bakvet door de bloem tot het mengsel op grove kruimels lijkt. Sprenkel het ijswater over het mengsel 1 of 2 eetlepels per keer. Verzamel het deeg tot een bal. Stort het deeg op een met bloem bestoven werkvlak.
b) Kneed het deeg met de hiel van je hand, hierdoor worden de boter en het bakvet gemengd en wordt het deeg vlokkiger. Zet 30 minuten in de koelkast. Rol het deeg uit op een met bloem bestoven oppervlak tot een cirkel met een diameter van 14 inch en een dikte van ⅛ inch.
c) Vouw de cirkel van het deeg voorzichtig dubbel en dan weer dubbel zodat je het kunt optillen zonder het te scheuren, en vouw het uit tot een taartvorm van 9 inch.

5. Taartschelpen in vrije vorm

Maakt: 4 porties

INGREDIËNTEN:
- 1 ei gemengd met 1 theelepel water
- ¼ kopje kristalsuiker
- 1 kopje meel
- ¼ theelepel zout
- ⅛ theelepels bakpoeder
- 8 Eetlepels ongezouten boter

INSTRUCTIES:
a) Combineer de suiker, bloem, zout en bakpoeder in een keukenmachine.
b) Voeg, als alles goed gemengd is, de boter toe en pulseer de machine tot de boter in het bloemmengsel is gebroken.
c) Voeg het ei en het water toe en verwerk tot het deeg een deeg vormt.
d) Leg het deeg op vetvrij papier; klop het in een plat rondje en zet het 30 tot 45 minuten in de koelkast of totdat het ontspannen is en je het kunt uitrollen.
e) Verdeel het deeg in ongeveer 8 gelijke stukken.
f) Rol de stukken uit op een licht met bloem bestoven bord.
g) In plaats van ze in taartvormpjes te passen en voor te bakken, kunt u ze gewoon in grove rondjes vormen of in hartjes of rechthoeken snijden.
h) Leg de vrije vormvormen op een bakplaat en laat ze 20 minuten afkoelen terwijl je de oven voorverwarmt op 400 graden.
i) Prik met een vork gaatjes in het deeg zodat het deeg niet opbolt.
j) Bak gedurende 10 tot 12 minuten of tot de randen bruin zijn.
k) Haal ze uit de oven op een rooster en laat ze afkoelen.
l) Als het helemaal is afgekoeld, bedek het dan met wat je maar wilt.

6. Chocolade korst

Maakt: 1 taartkorst

INGREDIËNTEN:
- ¾ portie Chocolade Kruimel
- 8 g suiker
- 0,5 g koosjer zout
- 14 g boter, gesmolten

INSTRUCTIES:
a) Maal de chocoladekruimels in een keukenmachine totdat ze zanderig zijn en er geen grote trossen meer over zijn.
b) Breng het zand over in een kom en meng met je handen met de suiker en het zout.
c) Voeg de gesmolten boter toe en kneed het in het zand tot het vochtig genoeg is om tot een bal te kneden.
d) Breng het mengsel over in een taartvorm van 10 inch.
e) Druk met je vingers en handpalmen de chocoladekorst stevig in de vorm en zorg ervoor dat de bodem en zijkanten van de taartvorm gelijkmatig bedekt zijn.
f) Verpakt in plasticfolie kan de korst maximaal 5 dagen bij kamertemperatuur of 2 weken in de koelkast worden bewaard.

7. Graham-korst

Maakt: 2 kopjes

INGREDIËNTEN:
- 190 g graham crackerkruimels
- 20 gram melkpoeder
- 25 gram suiker
- 3 g koosjer zout
- 55 g boter, gesmolten
- 55 g slagroom

INSTRUCTIES:
a) Gooi de graham kruimels, melkpoeder, suiker en zout met je handen in een kom om je droge ingrediënten.
b) Klop de boter en slagroom samen.
c) Voeg toe aan de droge ingrediënten en gooi opnieuw om gelijkmatig te verdelen.

8. Mini Taartschelpen

Voor: 20-22 minischelpen

INGREDIËNTEN:
- 3 kopjes bloem voor alle doeleinden
- ⅛ theelepel zout
- 1 ¼ kopjes poedersuiker
- 3 eierdooiers
- 2 theelepels vanilleboonpasta of vanille-extract
- 2 stokjes ongezouten boter

INSTRUCTIES:
a) Zeef bloem en zout. Opzij zetten.
b) Klop in de mixer met bloemblaadjes ongezouten boter op kamertemperatuur en poedersuiker tot een gladde massa.
c) Klop in een klein schaaltje eidooiers en vanilleboonpasta of vanille-extract samen.
d) Klop het eigeelmengsel geleidelijk door de roomboter.
e) Schraap de kom een paar keer als dat nodig is.
f) Voeg op lage snelheid geleidelijk het bloemmengsel toe aan het botermengsel.
g) Meng totdat het begint samen te komen. Als het deeg te kruimelig is, voeg dan 1 theelepel melk toe.
h) Keer het deeg om op een schoon werkoppervlak of in een kom en kneed het deeg met je handen tot een bal.
i) Vorm vervolgens het deeg tot een schijf, wikkel het in de folie en laat het 1 tot 2 uur afkoelen
j) Verwarm de oven voor op 350F.
k) Plaats mini taartvormpjes op een bakplaat. Spray met een no-stick spray en zet opzij.
l) Haal het gekoelde deeg eruit en snijd het doormidden. Laat het 5 minuten zacht worden.
m) Rol het uit tussen 2 vellen bakpapier of gebruik Dough EZ Mat.
n) Rol het uit met rolgeleiders van ⅛ inch.

o) Knip zoveel mogelijk rondjes uit. Verzamel restjes en rol opnieuw.
p) Vorm de taartjes en prik met een vork in de bodem van de schelpen.
q) Bak op 350F gedurende 12-14 minuten tot ze goudbruin zijn aan de randen.

9. Franse Zoete Taartkorst

Voor: 1 taartvorm

INGREDIËNTEN:
- 1 ½ kopje bloem, gewoon/voor alle doeleinden
- 6 ½ eetlepel zachte poedersuiker
- 2 ½ eetlepel amandelmeel
- ¼ theelepel zout
- 100 g / 7 eetlepels boter, ongezouten, verzacht, gesneden
- 1 groot ei, op kamertemperatuur

INSTRUCTIES:
a) Meng bloem, poedersuiker, zout en amandelmeel in een kom.
b) Wrijf met je vingertoppen de boter in de droge ingrediënten tot het op broodkruimels lijkt.
c) Meng met een rubberen spatel tot het te moeilijk wordt om nog te roeren en gebruik dan je handen om het tot een deeg te kneden.
d) Stort het deeg op een werkvlak en kneed het tot een gladde bal.
e) Druk plat tot een schijf van 2 cm dik. Wikkel in huishoudfolie en leg 30 minuten in de koelkast.
f) Pak gekoeld deeg uit. Leg op een licht met bloem bestoven werkvlak.
g) Rol uit tot een ronde van 13 inch.
h) Rol het deeg lichtjes op een deegroller. Rol het dan voorzichtig uit over de taartvorm.
i) Pas het deeg aan zodat het in de taartvorm past, passend in de hoek en zorg ervoor dat het niet uitrekt.
j) Rol de deegroller over de taartvorm om het overtollige deeg weg te snijden.
k) Prik de bodem van het deeg 30 keer in met een vork.
l) Koel het deeg 30 minuten in de taartvorm.

10. Roomkaas Taart Schelpen

Maakt: 24

INGREDIËNTEN:
- 3 ons roomkaas, verzacht
- ½ kopje boter verzacht
- 1 kopje bloem voor alle doeleinden

INSTRUCTIES:
a) Meng roomkaas en boter of margarine. Roer de bloem erdoor tot het gemengd is. Koel ongeveer 1 uur.
b) Verwarm de oven voor op 325 graden F.
c) Vorm van het deeg 24 balletjes van 1 inch en druk ze in niet-ingevette muffinvormpjes van 1 ½ inch om een ondiepe schaal te maken.
d) Vul met je favoriete vulling en bak 20 minuten, of tot de korst lichtbruin is.

11. Walnoot Taartje Schelpen

Maakt: 12

INGREDIËNTEN:
- 2 kopjes bloem voor alle doeleinden, plus meer voor het uitrollen van deeg
- ¼ theelepel zout
- ½ kopje walnoten
- ¾ kopje ongezouten boter, gekoeld en in kleine stukjes gesneden

INSTRUCTIES:
a) Doe bloem, zout en walnoten in de kom van een keukenmachine.
b) Pulseer tot de walnoten klein zijn, maar niet fijn.
c) Voeg boter toe en pulseer tot het mengsel op kleine erwten lijkt, ongeveer 15 seconden.
d) Terwijl de machine draait, voegt u ¼ kopje ijswater toe via de vultrechter.
e) Pulseer tot het deeg net begint samen te komen als je er met je vingers op drukt.
f) Vorm het deeg tot een bal. Maak een schijf plat en wikkel in plastic.
g) Breng over naar de koelkast en laat minstens 1 uur afkoelen.
h) Zet vierentwintig 2-inch taartvormpjes op een bakplaat.
i) Bestuif een schoon werkvlak licht met bloem. Rol het deeg uit tot een dikte van ⅛-inch. Snijd met een schilmesje het deeg in vierentwintig vierkanten die iets groter zijn dan de vormpjes.
j) Druk het deeg in pannen en snijd het overhangende deeg af.
k) Plaats een tweede taartvorm op elke met bakpapier beklede vorm en verzwaar het deeg.
l) Koel nog 30 minuten.
m) Verwarm de oven tot 375 graden.
n) Bak de schelpen tot ze lichtbruin zijn aan de randen, ongeveer 10 minuten.

o) Verwijder de bovenste pannen en bak verder tot ze gaar en helemaal bruin zijn, nog 12 tot 15 minuten.

p) Draai de schelpen uit en breng ze over naar roosters om af te koelen. Grote schelpen in een luchtdichte verpakking tot 3 dagen houdbaar.

12. Phyllo Taart Schelpen

Maakt: 12

INGREDIËNTEN:
- 1 rol bevroren filodeeg ontdooid
- ½ stok gesmolten boter

INSTRUCTIES:
a) Verwarm de oven voor op 375.
b) leg het filodeeg op een snijplank. Gebruik een pizzawiel om het in zes vierkanten te snijden.
c) Dek af met een vochtige papieren handdoek.
d) Bestrijk de binnenkant van twee muffinvormpjes met gesmolten boter.
e) Ontdek 1 stapel vierkanten.
f) Bestrijk een vel met gesmolten boter en leg het in een muffinvorm en druk het aan.
g) Herhaal dit met vijf vellen.
h) Bak in een oven van 375 graden gedurende 8 minuten of tot ze goudbruin zijn.

13. **Zandkoek Taart Korst**

Maakt: Een taartkorst van 10 inch

INGREDIËNTEN:
VOOR HET DEEG
- 12 eetlepels koude boter, in blokjes
- ⅔ kopje poedersuiker
- 2 eierdooiers
- 2 kopjes All-purpose Flour

VOOR DE EIERWAS
- 1 ei
- 1 eetlepel water

INSTRUCTIES:
a) Doe de boter, poedersuiker en eidooiers in de kom van een keukenmachine voorzien van een mes.
b) Pulseer tot gecombineerd maar nog steeds gespikkeld met boter.
c) Voeg de bloem toe en laat de machine draaien totdat het deeg samenkomt als je het tussen je vingers knijpt.
d) Leg het deeg op een groot stuk perkamentpapier, kneed het een paar keer om het allemaal samen te brengen en klop het tot een schijf.
e) Wikkel goed in het perkament en laat ongeveer een half uur afkoelen.
f) Verwarm de oven voor op 350 ° F met een rooster in het midden.
g) Haal het deeg uit de koelkast en laat het 15 minuten rusten op het aanrecht.
h) Strooi een beetje bloem op je werkvlak en over het oppervlak van het deeg.
i) Rol het deeg uit met een deegroller tot een cirkel van ongeveer 30 cm.
j) Breng het deeg heel voorzichtig over in een 10-inch taartvorm met een verwijderbare bodem, druk lichtjes op het deeg zodat het goed tegen de bodem en zijkanten van de pan zit.

k) Prik de onderkant van de schelp helemaal in met een vork. Leg het geheel op een bakplaat.

l) Leg een stuk perkamentpapier over de schaal en zorg ervoor dat de randen bedekt zijn.

m) Verspreid veel gedroogde bonen of taartgewichten over het perkament en bedek de hele bodem van de taartvorm.

n) Bak op deze manier 15 minuten en verwijder dan het bakpapier en de bonen.

o) Bestrijk de schaal met een beetje eierwas.

p) Zet de schaal nog minstens 10 minuten in de oven.

q) Haal uit de oven en laat volledig afkoelen alvorens te vullen.

14. Eiloze Taart Korst

Maakt: Taartbodem van 9,5 inch

INGREDIËNTEN:
- 1 ¼ kopje 175 g bloem voor alle doeleinden
- ⅓ kopje 40 g banketbakkerssuiker
- ¼ theelepel koosjer zout
- ½ kopje 115 g ongezouten boter, koud en in blokjes
- 1 eetlepel 15 ml verdampte melk
- 2 theelepels 10 ml slagroom
- 1 theelepel 5 ml puur vanille-extract

INSTRUCTIES:
Maak het deeg:
a) Doe de bloem, suiker en zout in de kom van een keukenmachine, keukenmixer of kom; puls om te combineren.
b) Voeg de gehakte boter toe en verwerk in korte stappen tot het mengsel lijkt op grof meel of fijn broodkruim.
c) Voeg, terwijl de motor draait, de verdampte melk, room en vanille toe en verwerk/mix/roer tot het deeg samenkomt tot een bal en netjes wegtrekt van de zijkanten van de kom.
d) Met de hand: mengen droge ingrediënten in een grote kom.
e) Gebruik een deegsnijder of twee messen om de boter in het bloemmengsel te snijden tot de textuur lijkt op grof maïsmeel.
f) En voeg dan natte ingrediënten toe en meng met een vork totdat het deeg samenkomt.
g) Stort het deeg op een licht met bloem bestoven werkvlak.
h) Breng het deeg bij elkaar en druk het plat tot een schotelvorm. Wikkel in plasticfolie en zet 1 uur in de koelkast.
i) Rol het deeg uit op een licht met bloem bestoven oppervlak.
j) Bebloem de deegroller, rol het deeg er losjes omheen en rol het vervolgens uit in de taartvorm.
k) Gebruik je vingers om het deeg erin te draperen en klop het deeg voorzichtig gelijkmatig op de bodem en zijkanten van de taartvorm in plaats van het uit te trekken of uit te rekken.
l) Dicht eventuele scheuren in het deeg, indien nodig.

m) Snijd overtollig deeg af met een scherp mes of met de deegroller door over de taartvorm te rollen.
n) Prik met een vork voorzichtig enkele malen in de bodem.
o) Bedek de taartvorm met plasticfolie en plaats hem in de vriezer tot hij stevig is, ongeveer 30 minuten.
p) Verwarm de oven voor op 400º F.
q) Bekleed de gekoelde taartbodem met een dubbele laag bakpapier of aluminiumfolie.
r) Vul de korst met taartgewichten.

BAKKEN:
s) Bak 15 - 18 minuten op 400º F, of totdat de randen stevig zijn en het papier / de folie niet meer aan het deeg kleeft.
t) Haal de taartbodem uit de oven. Verwijder gewichten en papier.
u) Om de korst gedeeltelijk te bakken: Bak na het verwijderen van de gewichten nog 5 minuten langer.
v) Om de korst volledig te bakken: bak na het verwijderen van de gewichten ongeveer 10 - 12 minuten langer, of tot ze goudbruin en krokant zijn.
w) Breng over naar een rooster en laat volledig afkoelen alvorens te vullen.

15. **Volkoren Taart Korst**

Maakt: 9-inch scherpe korst

INGREDIËNTEN:
- ¾ kopje margarine
- 1 ½ kopje volkoren meel
- ½ theelepel zout
- 4 eetlepels ijswater, of zoals nodig

INSTRUCTIES:
a) Verwarm de oven voor op 350 graden F.
b) Doe margarine in een roestvrijstalen kom.
c) Meng met behulp van een elektrische mixer met een peddelbevestiging op lage snelheid tot een beetje zacht.
d) Giet bloem en zout erbij; blijf mixen op lage snelheid om te combineren.
e) Giet er geleidelijk ijswater bij tot er een deeg ontstaat.
f) Verdeel het deeg doormidden. Wikkel een deel van het deeg in plastic en leg het in de koelkast voor later gebruik.
g) Rol het andere deel van het deeg uit op een licht met bloem bestoven oppervlak met een licht met bloem bestoven deegroller.
h) Schimmel in een 9-inch taartvorm. Prik de deegbodem gelijkmatig in met een vork.
i) Bak in de voorverwarmde oven tot de korst lichtbruin is, 10 tot 15 minuten.

CHOCOLADETAARTJES

16. Truffeltaart met espressosaus

Maakt: 1 portie

INGREDIËNTEN:
- 1½ kopje Chocoladewafelkruimels
- 6 eetlepels Zoete Boter

VULLING:
- 12 ons halfzoete chocolade
- ½ kopje slagroom
- 1 stuk zoete boter,
- Snijd in stukjes en verzacht
- 2 eetlepels Kahlua Likeur
- 1 snufje zout

SAUS:
- ½ kopje slagroom
- 4 eetlepels Suiker
- ¼ kopje boter
- 1 theelepel Fijngemalen Espresso
- 1 theelepel Koffie

INSTRUCTIES:
a) Plet of maal fijne chocoladewafels in een keukenmachine. Smelt de boter en meng tot kruimels. Klop in de taart- of taartvorm. Koel tot stevig voor het vullen of bak 15 minuten op 300 graden, laat afkoelen en vul.

b) Vulling: combineer de chocolade, room, boter en Kahlua in een grote pan en verwarm het mengsel op matig laag vuur, al roerend tot het glad is. Haal van het vuur en laat 30 minuten afkoelen op kamertemperatuur.

c) Giet in de afgekoelde taartvorm en zet minimaal 3 uur in de koelkast.

d) Saus: combineer room, suiker en boter in een pan. Kook op laag vuur, onder regelmatig roeren tot het mengsel kookt. Kook gedurende 5 minuten, af en toe roeren. Haal van het vuur. Roer de espresso-gronden erdoor.

e) Schep voor het serveren een matige hoeveelheid warme saus op een omrand bord. Bedek met een punt van de taart.

17. Donkere Chocoladetaart Met Gingersnap Korst

Maakt: 10 porties

KORST:
- 8 ons gingersnap koekjes, grof gebroken
- ¼ kopje gezouten boter, gesmolten

VULLING:
- 12 ons bitterzoete chocolade, fijngehakt
- 1 kop zware slagroom
- 2 grote eidooiers
- 1 groot ei
- ¼ kopje suiker
- 1 eetlepel bloem voor alle doeleinden
- ⅛ theelepel versgemalen zwarte peper
- Snufje zout
- ¼ theelepel kaneel
- Zacht opgeklopte slagroom, om te serveren

INSTRUCTIES:
VOOR DE KORST:
a) Verwarm de oven voor op 325 ° F. Maal de gingersnap koekjes fijn in de processor.
b) Voeg gesmolten boter toe en verwerk tot het bevochtigd is.
c) Druk het kruimelmengsel stevig op de bodem en bovenkant van een taartvorm met een diameter van 9 inch en verwijderbare bodem.
d) Plaats de pan op de omrande bakplaat.
VOOR DE VULLING:
e) Combineer fijngehakte bitterzoete chocolade en zware slagroom in een zware middelgrote pan.
f) Klop op laag vuur tot de chocolade gesmolten en glad is.
g) Haal de pan van het vuur.
h) Klop eidooiers, ei, suiker, bloem, gemalen zwarte peper, zout en kaneel in een kom om te mengen.
i) Klop heel geleidelijk het chocolademengsel door het eimengsel tot een glad en gemengd mengsel.

j) Giet chocoladevulling in de korst.
k) Bak de chocoladetaart tot de vulling aan de randen lichtjes bol staat en het midden zacht gestold is, ongeveer 30 minuten. Overbrengen naar rek. Koel de taart 20 minuten in de pan.
l) Verwijder voorzichtig de zijkanten van de taartvorm en laat de taart volledig afkoelen.
m) Snijd de taart in dunne punten en serveer met zacht slagroom.

18. Chocolade brownietaart

Maakt: 10 porties

INGREDIËNTEN:
- 1 kopje fluoride
- ¼ kopje Stevig verpakte lichtbruine suiker
- 1 ons Chocolade; ongezoet, geraspt
- ½ kopje Boter; in stukjes van ½ inch gesneden, goed gekoeld
- 2 eetlepels Melk
- 1 theelepel Vanille
- 3 ons ongezoete chocolade
- 3 ons Halfzoete chocolade
- ½ kopje Boter; kamertemperatuur, in stukjes gesneden
- 1½ kopje Suiker
- 3 eieren; de beat om te mixen
- 2 theelepels Vanille
- ½ kopje Gehakte walnoten
- ¾ kopje Bloem voor alle doeleinden
- 4 ons Halfzoete chocolade; gesmolten
- ¼ Boter; kamertemperatuur
- 2 theelepels Plantaardige olie

INSTRUCTIES:
VOOR HET GEBAK:
a) Combineer bloem, bruine suiker en geraspte chocolade in een kom. Snijd in boter tot het mengsel lijkt op een grove maaltijd. Meng melk en vanille met een vork tot het net gemengd is. Dep het deeg in de bodem en zijkanten van de 11-inch taartvorm en bestuif de vingertoppen indien nodig als het mengsel te plakkerig wordt.

VOOR DE VULLING:
b) Verwarm de oven voor op 350 graden. Smelt de chocolaatjes bovenop een dubbele ketel boven heet water. Haal van het vuur en roer de boter stuk voor stuk erdoor.

c) Doe het mengsel in een kom. Voeg suiker toe en meng goed; het mengsel zal korrelig zijn.

d) Voeg losgeklopte eieren toe, een derde per keer, goed mengen na elke toevoeging. Meng vanille erdoor. Roer de gehakte noten erdoor.
e) Voeg geleidelijk bloem toe en meng goed na elke toevoeging. Giet in de bladerdeegschaal.
f) Bak totdat het midden net is uitgehard en een tester die in het midden is geplaatst er schoon uitkomt, 20 tot 25 minuten.
g) Laat de taart afkoelen op een rooster.
VOOR HET glazuur:
h) Combineer chocolade, boter en olie in een kom en meng tot een gladde massa.
i) Koel af tot een smeerbare consistentie, af en toe kloppend.
j) Smeer het glazuur over de bovenkant van de taart. Laat licht staan totdat het glazuur hard is geworden.
k) Snijd in partjes om te serveren.

19. Chocolade botertaartjes

Maakt: 12 Taartjes

INGREDIËNTEN:
- 3 blokjes bitterzoete chocolade
- 12 Ongebakken met. scherpe schelpen
- ¾ kopje Licht verpakte bruine suiker
- ¼ kopje Maïssiroop
- 1 Eieren
- 2 eetlepels Boter; verzacht
- 1 theelepel Vanille
- 1 theelepel Azijn
- kneep Zout
- 1 Vierkante bitterzoete chocolade gesmolten

INSTRUCTIES:
a) Hak elk van de drie stukjes chocolade in 16 stukjes.
b) Leg 4 stukjes op de bodem van elke taartvorm. Klop bruine suiker, glucosestroop, ei, boter, vanille, azijn en zout door elkaar. Schep in taartschelpen en vul ze voor driekwart.
c) Bak 12-14 minuten op 450 graden, of tot de vulling gepoft en bruisend is en het deeg licht goudbruin is. Eenvoudig koelen op rekken.
d) Besprenkel met gesmolten chocolade.

20. Chocolade minitaartjes met kokos

Maakt: 36 porties

INGREDIËNTEN:
- 14 oz gezoete gecondenseerde Melk
- 2 eetlepels Hazelnootlikeur of water
- 2 eetlepels Water
- 1 pak instantchocolade

PUDDING MIX
- 13 ¾oz pakket zachte bitterkoekjes
- 1 kopje Fijngehakte pecannoten
- 2 eetlepels Ongezoet cacaopoeder
- ⅔ kopje Slagroom

KOKOSKORSTJES
- Geroosterde kokosnoot, optioneel
- Slagroom, optioneel
- ⅓ kopje Boter of margarine, gesmolten

INSTRUCTIES:
a) Combineer gezoete gecondenseerde melk, likeur of water en water.
b) Voeg puddingmix en cacaopoeder toe. Slaan tot dat het glad is.
c) Dek af en laat 5 minuten afkoelen.
d) Klop ⅔ kopje slagroom tot zachte pieken; spatel door het chocolademengsel.
e) Hoop in kokosnootkorstjes. Koel gedurende 2 tot 24 uur.
f) Garneer eventueel met extra slagroom en geroosterde kokos.

KOKOSKORSTJES:
g) Meng bitterkoekjes, pecannoten en boter.
h) Druk 1 eetlepel mengsel in de bodem en de zijkanten van 36 goed ingevette 1¾ "muffinbekers.
i) Bak in een oven van 375 graden gedurende 8-10 minuten of tot de randen bruin zijn. Koel op rooster.
j) losmaken; uit kopjes halen.

21. Chocolade-hazelnoottaart

Maakt: 8 porties

INGREDIËNTEN:
- 3 eetlepels Cacaopoeder
- ¼ kopje Suiker
- 4 eetlepels Boter
- 1 ei
- 4 ons Bitterzoete of halfzoete chocolade
- ¼ t zuiveringszout
- 4 eetlepels Boter
- 1 kopje Donkere glucosestroop
- ½ kopje Suiker
- 3 eieren
- 2 eetlepels Donkere kamer

CHOCOLADE DEEG
- 1 kopje Ongebleekt voor alle doeleinden
- Snufje zout

VULLING
- 2 kopjes hele hazelnoten

INSTRUCTIES:
a) Zeef de thee droge ingrediënten drie keer samen.
b) Wrijf de boter erdoor en bevochtig met het ei.
c) Vorm tot een schijf, wikkel in en zet in de koelkast. Koken van de chocolade-hazelnootvulling.
d) Leg de hazelnoten op een bakblik en rooster ze op 350 graden F tot de schil los zit en gemakkelijk loslaat, ongeveer 10 minuten. Wrijf de hazelnoten in een handdoek om de velletjes te verwijderen.
e) Hak de hazelnoten grof, met de hand of met een keukenmachine. Meng de chocolade met de boter in een kom. Breng een kleine pan water aan de kook en zet het vuur uit.
f) Plaats de kom met chocolade en boter op het hete water en roer om te smelten. Combineer de glucosestroop en suiker in een pan. Breng op middelhoog vuur aan de kook.

g) Haal van het vuur en roer het chocolademengsel erdoor. Klop de eieren en zout met de optionele rum. Klop het chocolademengsel erdoor, zorg ervoor dat het niet te lang klopt. In elkaar zetten.

h) Bestuif het werkoppervlak en het deeg licht met bloem. Rol het deeg uit tot een schijf met een diameter van 14 inch, ⅛ inch dik.

i) Bekleed een 10-inch taartvorm met het deeg en snij het overtollige weg.

j) Roer de gehakte hazelnoten door de vulling en giet de vulling in de pan. Bakken. Bak op 350 graden F tot de vulling is uitgehard en de korst ongeveer 40 minuten is gebakken. Vasthouden. Bewaar de taart maximaal 2 dagen op kamertemperatuur.

22. Chocolade mascarpone notentaart

Maakt: 1 portie

INGREDIËNTEN:
- 1 kopje Bloem voor alle doeleinden
- ¾ kopje Kristalsuiker
- ½ theelepel Zout
- 1 kopje Ongezoet alkalisch cacaopoeder
- 6 ons Gekoelde ongezouten boter in stukjes van ½ inch gesneden
- 4 groot Eidooiers
- 6 ons Bitterzoete chocolade; fijn gesneden
- 1 kopje Zure room
- 1 kopje Heavy cream
- ½ kopje Kristalsuiker; verdeeld
- 2 grote Eieren
- 4 groot Eidooiers
- 2 theelepels Maïszetmeel
- 8 ons Mascarpone kaas
- ¾ kopje Heavy cream
- 4 ons Kastanje puree
- ½ kopje Banketbakkerssuiker
- 1 theelepel Vanille-extract

INSTRUCTIES:
a) Combineer de bloem, suiker, zout en cacaopoeder in een keukenmachine met een metalen hakmes. Puls de machine acht tot negen keer om te mengen. Strooi de boter over het bloemmengsel en pulseer de machine totdat de boter in de bloem is gesneden en het mengsel lijkt op een grove maaltijd.
b) Voeg de dooiers toe en blijf alleen in aan/uit-pulsen verwerken totdat het mengsel gelijkmatig is opgenomen en de deeltjes bij elkaar beginnen te blijven. Schraap het deeg op een werkvlak en vorm er een bal van. Druk het plat tot een schijf en wikkel het in plastic folie. Koel gedurende 1 uur.

c) Plaats een rek in het midden van de oven en verwarm voor op 350 graden F.

d) Haal de gekoelde schijf uit de koelkast. Plaats het deeg tussen twee stukken plasticfolie en rol het deeg in een kleine ronde. Til het deeg op en draai het een kwartslag na elke rol. Ga door met rollen totdat de cirkel ongeveer 14 inch in diameter meet en ongeveer ⅛ inch dik is. Verwijder de bovenste laag plasticfolie.

e) Rol het deeg voorzichtig rond de deegroller en breng het over in een 12-inch gecanneleerde taartvorm met een verwijderbare bodem. Rol het deeg uit in de pan. Til de randen van het deeg op en druk het deeg voorzichtig in de bodem en tegen de zijkanten van de pan. Snijd eventueel overtollig deeg weg. Zet het deeg 20 tot 30 minuten in de koelkast, tot het stevig is.

f) Bak de taartbodem 20 tot 30 minuten of tot hij stevig is. Plaats op een rooster en laat volledig afkoelen.

CHOCOLADEROOM:

g) Doe de gehakte chocolade in een kom en zet opzij.

h) Breng in een niet-corrosieve middelgrote pan de zure room, slagroom en ¼ kopje suiker aan de kook op middelhoog vuur.

i) Klop in een kom met een elektrische handmixer de eieren, eidooiers, maïzena en de resterende ¼ kop suiker op gemiddelde snelheid tot bleek. Klop een derde van het hete roommengsel door het eimengsel en doe het hele mengsel terug in de pan.

j) Kook op middelhoog vuur terwijl je constant roert met een garde gedurende 3 tot 5 minuten of tot het dik is. Giet het ingedikte mengsel over de gereserveerde chocolade en klop tot het is opgenomen.

k) Schraap het mengsel in de voorbereide korst en strijk de bovenkant glad met een rubberen spatel. Zet 2 uur in de koelkast.

MASCARPONE TOPPING:

l) In een 4½-kwart kom van een zware elektrische mixer, gebruik de draadzweepbevestiging, combineer de mascarpone, slagroom, kastanjepuree, banketbakkerssuiker en vanille.

m) Klop op middelhoge snelheid tot zich zachte pieken vormen. Doe het mengsel in een spuitzak met een middelgrote stervormige punt en spuit in een schelppatroon dat de bovenkant van de gekoelde taart bedekt.

n) Zet de taart 1 uur in de koelkast voordat je hem serveert.

23. Chocolade miniatuurtaartjes

Maakt: 50 porties

INGREDIËNTEN:
- 2¼ kopjes Bloem voor alle doeleinden
- ¾ kopje Margarine
- ⅓ kopje Banketbakkerssuiker
- ⅔ kopje Halfzoete chocoladeschilfers
- 2 eetlepels Margarine
- ½ kopje Suiker
- ½ kopje Maïssiroop
- 2 Eieren
- ¼ kopje Pecannoten, gehakt
- 1 kopje Gedroogde kokosnoot

INSTRUCTIES:
a) Meng bloem, ¾ kopje margarine en poedersuiker. Druk ongeveer 1 theelepel deeg gelijkmatig tegen de bodems en zijkanten van niet-ingevette kleine muffinvormpjes.
b) Smelt chocoladeschilfers en 2 eetlepels margarine in een dubbele ketel boven kokend water tot chips en margarine zijn gesmolten; van het vuur halen.
c) Meng suiker en siroop; klop de eieren erdoor.
d) Schep 1 tot 2 theelepels van het chocolademengsel in elke taartvorm en vul tot slechts ¾ vol.
e) Bestrooi met pecannoten en kokos.
f) Bak in een voorverwarmde oven van 350 graden gedurende 20 tot 25 minuten.
g) Koel een paar minuten.
h) Haal voorzichtig uit de muffinvormpjes met de punt van een mes. Koel volledig af. Werk eventueel af met gezoete slagroom.

24. Chocoladetruffeltaart met frambozen

Maakt: 6 Porties

INGREDIËNTEN:
- 1 kopje Meel, universeel
- ½ kopje Suiker, gegranuleerd
- ½ kopje Cacaopoeder
- 3 ons Boter; gekoeld
- 1 Eieren
- 6 ons Halfzoete chocolade; gehakt
- 2 kopjes Slagroom
- 3-4 kopjes frambozen

INSTRUCTIES:
CHOCOLADEGEBAK:
a) Combineer bloem, suiker en cacao in de kom van een keukenmachine.

b) Puls 2 of 3 keer om te beluchten. Snijd de boter in stukjes en verdeel over de bloem.

c) Terwijl de motor draait, laat u het hele ei door de vultrechter vallen.

d) Verwerk heel kort - laat het deeg niet samenkomen, anders wordt je deeg taai.

e) Haal het deeg uit de mengkom en zet op kamertemperatuur tot de vulling gemaakt is.

TRUFFEL VULLING:
f) Doe de gehakte chocolade in een middelgrote kom en breng de room op middelhoog vuur aan de kook.

g) Giet over de chocolade en klop tot alle chocolade is gesmolten. Dek af met plasticfolie en zet in de koelkast tot het zichtbaar is.

h) Verwarm de oven voor op 375F. Bewerk het chocoladedeeg met je handen en druk het in een taartvorm met verwijderbare bodem; probeer een gelijkmatige dikte te krijgen. Koel gedurende 20 minuten. Prik met een vork gaatjes in de bodem van het deeg.

i) Bak in de voorverwarmde oven gedurende 20 tot 25 minuten. Koel volledig af. DOOI

MONTAGE:

j) Haal de taart voorzichtig uit de pan en leg hem op een schaal. Spuit met een lepel de truffelvulling in de schaal en strijk het oppervlak glad. Verdeel de frambozen erover in concentrische cirkels.

25. Cranberry en witte chocoladetaart

Maakt: 1 Portie

INGREDIËNTEN:
- 2½ kopjes Amerikaanse veenbessen; vers of diepgevroren en ontdooid
- ¼ kopje Vers appelsiensap
- ½ kopje Suiker
- 1 kopje Gemalen geblancheerde amandelen
- 1⅔ kopje Ongebleekt meel voor alle doeleinden
- ½ kopje Suiker
- ½ theelepel Bakpoeder
- 1 theelepel Gemalen kaneel
- ¼ theelepel Gemalen foelie
- ½ pond Koude ongezouten boter; in 16 stukken gesneden
- 1 groot Eieren
- 1 groot Eigeel
- 1 theelepel Vanille-extract
- 6 ons Witte chocolade; gehakt
- Poedersuiker; voor afstoffen

INSTRUCTIES:
a) Kook de veenbessen, sinaasappelsap en suiker in een middelgrote pan op middelhoog vuur tot het mengsel aan de kook komt.
b) Zet het vuur laag tot medium-laag en laat sudderen, af en toe roerend, tot de vloeistof dik en stroperig wordt, ongeveer 10 minuten. Het cranberrymengsel krijgt een jamachtige consistentie. Zet opzij om grondig af te koelen, ongeveer 30 minuten. Het mengsel zal bij het afkoelen dikker worden tot een stevige jam.
c) Plaats een ovenrek in het midden van de oven en verwarm de oven voor op 350 graden. Beboter een 9-inch springvorm.
d) Meng in de kom van een elektrische mixer de amandelen, bloem, suiker, bakpoeder, kaneel en foelie. Meng op lage snelheid om de ingrediënten te mengen, ongeveer 10 seconden. Voeg de boter toe en mix tot de meeste stukjes boter zo groot zijn als

erwten, ongeveer 1 minuut. Het mengsel ziet er kruimelig uit en de kruimels variëren in grootte.

e) Voeg terwijl de mixer draait het ei, de eidooier en de vanille toe. Meng totdat het mengsel aan elkaar kleeft en wegtrekt van de zijkanten van de kom, ongeveer 30 seconden. Bewaar 1 kopje van het mengsel voor de roostertopping en zet het in de koelkast terwijl u de korst bereidt.

f) Druk het resterende deeg gelijkmatig over de bodem en 1¼ inch langs de zijkanten van de voorbereide pan. Strooi de witte chocolade gelijkmatig over de bodem. Gebruik een dunne metalen spatel om het afgekoelde cranberrymengsel gelijkmatig over de witte chocolade te verdelen.

g) Haal het gereserveerde deeg uit de koelkast. Gebruik ongeveer 2 eetlepels van het deeg voor de langste touwen en minder voor de kortere touwen, rol stukjes deeg heen en weer om touwen van deeg te vormen met een diameter van ongeveer ½ inch. Als touwen breken, knijp ze dan weer samen.

h) Leg een 9-inch lang touw over het midden van de taart. Plaats de touwen ongeveer 2 inch uit elkaar en plaats een touw van ongeveer 8 inch lang aan weerszijden van het middelste touw. Plaats een touw van ongeveer 10 cm lang aan elk uiteinde van de taart. Je hebt 5 touwen van het deeg over de bovenkant van de taart.

i) Draai de taartvorm een halve slag en plaats nog 5 touwen gelijkmatig over de bovenkant van de taart voor een roosterpatroon. Bak de taart tot de bovenkant goudbruin is, ongeveer 1 uur. Koel de taart goed af in de pan. Bestrooi voor het serveren met poedersuiker.

26. Dubbele chocoladeroomtaart

Maakt: 12 porties

INGREDIËNTEN:
- 1 kopje Bloem voor alle doeleinden; verdeeld
- ¼ kopje Ijswater
- 1 eetl Vanille; verdeeld
- ¾ kopje ongezoete cacao; verdeeld
- 2 eetlepels Suiker
- ¼ theelepel Zout
- ¼ kopje Groentetekort
- Bak spray
- 14 ons kan vetvrije gezoete gecondenseerde melk
- 6 ons ⅓ magere roomkaas; verzacht
- 1 groot Eieren
- 1 groot Eiwit
- 1½ kopje Bevroren topping met verlaagd caloriegehalte; ontdooid
- 1 ons Halfzoete chocolade; fijn gesneden

INSTRUCTIES:
a) Verwarm de oven voor op 350 °. Combineer ¼ kopje bloem, ijswater en 1 theelepel vanille, roer met een garde tot alles goed gemengd is; opzij zetten.
b) Combineer ¾ kopje bloem, ¼ kopje cacao, suiker en zout in een kom; snijd het bakvet in met een deegblender of 2 messen tot het mengsel op een grove maaltijd lijkt.
c) Voeg ijswatermengsel toe; gooi met een vork tot het vochtig en kruimelig is.
d) Druk het mengsel voorzichtig in een cirkel van 4 inch op stevig plasticfolie; dek af met extra plasticfolie.
e) Rol het deeg, nog steeds bedekt, in een cirkel van 13 inch.
f) Plaats het deeg 30 minuten in de vriezer of totdat de plasticfolie gemakkelijk kan worden verwijderd.

g) Verwijder het bovenste vel plasticfolie; plaats het deeg, met de onbedekte kant naar beneden, in een 10-inch ronde taartvorm met verwijderbare bodem bedekt met kookspray.
h) Verwijder het resterende vel plastic folie. Vouw randen.
i) Prik met een vork gaatjes in de bodem en zijkanten van het deeg; bak 4 minuten op 350 °.
j) Koel op een rooster. Plaats de taartvorm op een bakplaat; opzij zetten.
k) Klop ½ kopje cacao en melk op gemiddelde snelheid van een mixer tot het gemengd is.
l) Voeg kaas toe; goed kloppen. Voeg 2 theelepels vanille, ei en eiwit toe; klop tot een gladde massa.
m) Giet het mengsel in de korst; bak op 350 ° gedurende 25 minuten of tot het is uitgehard.
n) Smeer opgeklopte topping over de taart; bestrooi met gehakte chocolade.

27. Fudgy chocoladetaart

Maakt: 12 porties

INGREDIËNTEN:
- 8 ons bitterzoete chocolade; in stukjes gebroken
- ⅓ kopje Margarine of boter
- 2 grote eieren; op kamertemperatuur
- 1 theelepel Vanille-extract
- ⅓ kopje Kristalsuiker
- ¾ kopje Bloem voor alle doeleinden
- ¼ theelepel Zout
- 4 ons Mascarpone kaas; op kamertemperatuur

INSTRUCTIES:
a) Heerlijk rijk, dit feestelijke dessert heeft een brownie-achtige textuur geaccentueerd met zoete, romige mascarpone-kaas.
b) Verwarm de oven voor op 350 graden. Vet een 9-inch taartvorm met verwijderbare bodem in; opzij zetten.
c) Smelt chocolade en margarine in een kleine, zware steelpan op laag vuur en roer regelmatig. Haal van het vuur.
d) Klop in een kom eieren en vanille met een elektrische mixer op gemiddelde snelheid gedurende 30 seconden. Klop geleidelijk de suiker erdoor; klop gedurende 1 minuut. Klop het chocolademengsel erdoor en schraap één keer langs de zijkanten van de kom. Klop de bloem en het zout op lage snelheid erdoor tot het gemengd is. Verdeel het beslag gelijkmatig in de voorbereide pan.
e) Doe de kaas in een kom en roer goed door met een vork. Druppel een theelepel willekeurig over het oppervlak van het chocoladebeslag. Roer met een scherp mes het kaasmengsel door het chocolademengsel om een marmereffect te creëren.
f) Bak tot het midden net is uitgehard, 20 tot 25 minuten. Verwijder de pan op een rooster en laat volledig afkoelen. Bedek de taart met plasticfolie; plaats in een grote plastic diepvrieszak en bevries tot 6 weken voor het opdienen.

g) Volledig ontdooien bij kamertemperatuur. Haal uit de taartvorm.
h) Snijd in partjes en serveer.

28. Vers fruit en chocoladetaart

Maakt: 8 porties

INGREDIËNTEN:
- 1¼ kopjes Meel
- 4 ons Plak boter; verzacht
- 3 eetlepels Suiker
- 1 theelepel Vanille-extract
- ¼ kopje Pecannoten of walnoten fijngehakt
- 1 kopje Melkchocoladeschilfers
- ⅓ kopje Zure room
- Vers fruit in het seizoen
- 3 eetlepels abrikoos of pitloos
- Frambozenjam

INSTRUCTIES:
a) Verwarm de oven voor op 400°F.
KORST
Meng bloem, boter, suiker, ½ theelepel vanille en pecannoten in een kom. Meng met een vork tot het mengsel op fijne kruimels lijkt. Kneed tot het deeg bij elkaar blijft.
b) Druk het deeg stevig en gelijkmatig op de bodem en zijkanten van een 9½-inch gecanneleerde metalen taartvorm met verwijderbare bodem.
c) Bak gedurende 14 tot 16 minuten, of tot ze goudbruin zijn. Enigszins koel.
VULLING
d) Verwarm de chocoladeschilfers in een glazen maatbeker met 2 kopjes in de magnetron op Hoog gedurende ongeveer 1 minuut, of tot ze volledig gesmolten en glad zijn als ze worden geroerd. Roer de zure room en de resterende ½ theelepel vanille erdoor.
e) Verdeel de vulling gelijkmatig over de afgekoelde korst. Koel gedurende 2 tot 3 uur, of 's nachts.
f) Snijd ongeveer 1 uur voor het opdienen perziken, nectarines, kiwi of meloen in plakjes of halve manen; laat fruit uitlekken op

keukenpapier als het extreem sappig is. Schik in concentrische cirkels of andere ontwerpen bovenop de chocoladevulling.

g) Vul aan met druiven en bessen tot de bovenkant helemaal bedekt is met fruit. Verwarm jam in een magnetron of op laag vuur tot het gesmolten is. Borstel jam over fruit. Koel tot het moment van serveren.

h) Verwijder vlak voor het serveren de zijkant van de pan en plaats de taart op een serveerschaal.

29. Pittige chocoladetaart

Maakt: 1 portie

INGREDIËNTEN:
- 1 kopje Ongebleekt meel voor alle doeleinden
- 2 eetlepels Cacaopoeder
- ¼ kopje Suiker
- 1 snufje Zout
- ½ theelepel Bakpoeder
- 4 eetlepels Ongezouten boter
- 1 groot Eieren
- ⅓ kopje Water
- ⅓ kopje Suiker
- ½ Plak ongezouten boter
- 6 ons halfzoete chocolade
- 3 groot Eieren
- 1 theelepel Gemalen kaneel
- ½ theelepel Gemalen kruidnagel

INSTRUCTIES:
a) Voor het deeg: doe de bloem in een kom en zeef het cacaopoeder erover. Roer de suiker, het zout en het bakpoeder erdoor. Wrijf de boter er fijn in en laat het mengsel koel en poederachtig achter. Klop het ei los en roer het door het deeg. Druk het deeg samen en wikkel het in en laat het afkoelen.
b) Verwarm de oven voor op 350 graden en plaats het rek in het onderste derde deel van de oven. Rol het deeg op een met bloem bestoven oppervlak en bekleed een beboterde 10-inch taartvorm. Opzij zetten.
c) Breng in een pan op middelhoog vuur suiker en water aan de kook. Voeg boter toe en blijf verwarmen om boter te smelten. Klop van het vuur in fijngesneden chocolade. Klop eieren met kruiden en klop er dan een chocolademengsel door. Giet in de taartvorm.
d) Bak ongeveer 30 minuten, tot ze goed gerezen en stevig zijn. Koel op een rooster.

e) Haal de taart uit de vorm en serveer met gezoete slagroom.

30. Aardbeienmousse met witte chocolademousse

Maakt: 8 porties

INGREDIËNTEN:
GEBAKJE:
- 1¾ kopjes Ongebleekt meel
- ¼ kopje Stevig verpakt lichtbruin Suiker
- 2½ theelepels Sinaasappelschil, geraspt
- ⅛ theelepel Zout
- 1¾ Sticks Ongezouten Boter
- 1½ eetlepels Vers appelsiensap
- 1 Eigeel
- 1 theelepel Vanille-extract
- 2 ons witte chocolade

MOUSSE:
- 6 ons witte chocolade
- ¼ kopje Heavy cream
- 1 groot Eiwit
- 1 eetl Suiker
- ½ kopje Slagroom, slagroom
- 2 eetlepels Grote Marnier
- 1 groot Aardbeien, met stengels
- 25 groot Aardbeien, ontpit
- ½ kopje Aardbeienjam

INSTRUCTIES:
a) Voor het deeg: Meng de eerste 4 ingrediënten in een kom. Voeg boter toe en snijd in het mengsel tot het lijkt op een fijne maaltijd. Meng sinaasappelsap met eigeel en vanille. Voeg voldoende sapmengsel toe om de ingrediënten te drogen tot een bal die samenkomt.

b) Verzamel het deeg tot een bal en maak het plat tot een ronde van ongeveer 30 cm.

c) Plaats het rek in het midden van de oven en verwarm voor op 375 graden.

d) Rol het deeg uit tussen vellen plasticfolie tot een dikte van ⅛ inch. Trim tot een cirkel van 11 inch.

e) Verwijder de plasticfolie van de bovenkant en keer om in een 10-inch ronde springvorm met verwijderbare bodem. Verwijder de plasticfolie en druk op de bodem en de zijkanten van de pan ... krimp de bovenranden.

f) Bevries gedurende 15 minuten. Bekleed de taartvorm met aluminiumfolie en voeg taartgewichten of bonen toe.

g) Bak tot de zijkanten gestold zijn - ongeveer 10 minuten.

h) Verwijder folie en gewichten. Bak de korst goudbruin - ongeveer 16-20 minuten.

i) Strooi twee ons witte chocolade over de hete korst. Gemakkelijk staan voor ongeveer 1 minuut.

j) Smeer met de achterkant van een lepel chocolade over de bodem en zijkanten.

k) Breng over naar een rek om af te koelen.

31. Zweeds chocoladedessert koningstaartjes

Maakt: 6 Porties

INGREDIËNTEN:
- 2¼ kopjes Pillsbury's beste bloem voor alle doeleinden
- ½ kopje Suiker
- ⅓ kopje Cacao
- ½ theelepel Dubbelwerkend bakpoeder
- ½ theelepel Zout
- ¾ kopje Boter
- 1 Eieren; licht geslagen
- 1 eetl Melk -Vullend
- 1 Eieren
- ¼ kopje Suiker
- ¼ kopje Pillsbury's beste bloem voor alle doeleinden
- 1 kopje Melk
- 1 theelepel Franse vanille
- ½ kopje Slagroom -Voor chocolade vulling---
- 3 eetlepels Cacao
- 3 eetlepels Suiker -Chocoladesuikerglazuur---
- 2 eetlepels Boter; gesmolten
- 2 eetlepels Cacao
- ½ kopje Banketbakkerssuiker
- 1 Eigeel
- ¼ theelepel Franse vanille

INSTRUCTIES:
a) BAK op 375 graden gedurende 12 tot 15 minuten.
b) Zeef de bloem, suiker, cacao, bakpoeder en zout samen.
c) Snijd in boter tot de deeltjes zo groot zijn als kleine erwten.
d) Voeg 1 lichtgeklopt ei en 1 twee eetlepels melk toe; mix met een vork of deegblender.
e) Leg op een grote niet-ingevette bakplaat.
f) Rol uit op een bakplaat met een met bloem bestoven deegroller tot een rechthoek van 15 x 11 inch.

g) Snijd de randen bij met een mes of deegwiel. Snijd in drie rechthoeken van 11 x 5 inch.
h) Bak in een matige oven, 375 graden, gedurende 12 tot 15 minuten.
i) Koel op de bakplaat. Maak voorzichtig los met een spatel.
j) Stapel lagen op karton bedekt met aluminiumfolie en verdeel de vulling tussen de lagen tot op ¼ inch van de rand.
k) Vorst boven. decoreer desgewenst met geroosterde geschaafde amandelen. Laat afkoelen tot het glazuur is uitgehard.
l) Wikkel losjes in aluminiumfolie; een nachtje chillen.

VULLING:
m) Klop 1 ei licht en luchtig.
n) Voeg geleidelijk suiker toe en klop constant tot het dik en licht is. Meng in bloem.
o) Voeg geleidelijk aan gebroeide melk toe bovenop een dubbele boiler.
p) Breng het mengsel terug naar de dubbele boiler. Kook over kokend water, onder voortdurend roeren, tot het dik en glad is. Voeg vanille toe; koel.
q) Klop ½ kopje slagroom dik en spatel door de vulling.
r) Combineer ½ kopje slagroom, cacao en suiker. Klop tot dik.

CHOCOLADE glazuur:
s) Combineer gesmolten boter, cacao, banketbakkerssuiker, eigeel en vanille. Slaan tot dat het glad is.

32. Bananenroomtaart van witte chocolade

Maakt: 8 porties

INGREDIËNTEN:
- ½ kopje ongezouten boter, kamertemperatuur
- 6 eetlepels Suiker
- 1 groot Eieren
- 1 kopje Plus 6 T bloem voor alle doeleinden
- 3 groot Eidooiers
- 2 eetlepels Suiker
- 2 eetlepels Maïszetmeel
- 1 kopje Melk
- ½ Vanillestokje in de lengte doorgesneden
- 3 ons Geïmporteerde witte chocolade fijngehakt
- 1 eetl Ongezouten boter
- ½ kopje Gekoelde slagroom
- 3 Bananen, gepeld
- 1½ eetlepels Bananen likeur
- 1 eetl Vers citroensap
- 4 ons Geïmporteerde witte chocolade, geschaafd met een dunschiller

INSTRUCTIES:
GEBAKJE:
a) Klop met een elektrische mixer boter en suiker in een kom totdat ze net zijn gecombineerd.
b) Eieren toevoegen; klop tot het gemengd is. Voeg bloem toe en klop gedurende 2 minuten.
c) Verzamel het deeg tot een bal en druk het plat tot een schijf.
d) Wikkel in plastic en zet 3 uur in de koelkast.
e) Verwarm de oven voor op 375'F. Rol het deeg op een met bloem bestoven oppervlak uit tot een ronde lap met een diameter van 12 inch.
f) Breng over naar een taartvorm met een diameter van 9 inch en een verwijderbare bodem.

g) Snijd de korst af en laat een overhang van ¼ inch over. Bewaar banketresten.

h) Vouw de randen over twee dubbele dikke zijden. Bevries gedurende 15 minuten. Bekleed het deeg met folie.

i) Vul met gedroogde bonen of taartgewichten. Bak gedurende 15 minuten. Verwijder folie en bonen.

j) Repareer eventuele scheuren met gereserveerde banketresten. Bak tot ze goudbruin zijn, ongeveer 20 minuten.

k) Koel volledig af.

VULLING:

l) Klop de dooiers, suiker en maizena in een kom tot een geheel.

m) Giet melk in een zware pan. Zaadjes uit de vanilleboon schrapen; boon toevoegen.

n) Breng het mengsel aan de kook.

o) Klop het melkmengsel door het eimengsel.

p) Doe het mengsel terug in dezelfde pan en breng aan de kook, onder voortdurend roeren. Zeef in een kom.

q) Voeg 3 ons gehakte witte chocolade en boter toe; roer tot het gesmolten is. Dek af en laat minstens 3 uur afkoelen.

r) Klop de slagroom in een kom tot stijve pieken. Spatel door de witte chocolade banketbakkersroom. Snijd bananen in plakjes van ¼ inch dik.

s) Doe over in een kom; voeg likeur en citroensap toe en meng. Spatel de bananen door de banketbakkersroom. Lepelvulling in de taartvorm, ophopend in het midden.

t) Werk af met chocoladeschilfers. Koel minimaal 1 uur en maximaal 6 uur.

33. Wicked donkere chocoladetaart

Maakt: 1 portie

INGREDIËNTEN:
- 250 gram ongezouten boter
- 125 gram vanillesuiker
- 250 gram gewone bloem
- 125 gram Griesmeel
- 180 gram donkere bittere chocolade
- 5 eetlepels Cognac
- 4 Eieren
- 3 eetlepels Maïsmeel
- 400 gram basterdsuiker
- 600 milliliter Enkele crème
- 1 Vanillestokje
- 125 gram ongezouten boter

INSTRUCTIES:
a) Verwarm de oven voor op 180C/gasstand 4. Bereid de shortcake voor. Klop de boter en vanillesuiker in een kom licht en luchtig.
b) Meng bloem en griesmeel. Voeg beetje bij beetje toe aan de boter tot er een kruimelig deeg ontstaat. Kneed het deeg voorzichtig en voorzichtig tot het samenbindt en het oppervlak glad is. Rol dun uit om 6 4-inch taartvormpjes met losse bodem te bekleden. Prik basen. Een uurtje goed koelen. Bekleed met folie en bakbonen.
c) Bak de bladerdeegvormpjes ongeveer 20 minuten blind in de voorverwarmde oven tot ze gaar zijn. Verwijder bonen en folie en laat indien nodig verder drogen in de oven. Bereid de chocoladevulling voor. Breek de chocolade in vierkanten. Plaats in een kom boven een pan met water of een dubbele boiler. Voeg cognac toe aan chocolade.
d) Verwarm zachtjes tot de chocolade gesmolten is. Klop de eieren los in een kom. Meng maizena en suiker erdoor en voeg indien nodig een beetje room toe.

e) Verwarm de resterende room in een steelpannetje met vanillestokjes tot het bijna kookt.
f) Roer de hete room door het gemengde eimengsel.
g) Spoel de slagroompan af met koud water. Breng het mengsel terug om te betalen en voeg gesmolten chocolade toe. Kook zachtjes, onder voortdurend roeren, tot het mengsel dikker wordt en het maïsmeel gaar is. Proef het mengsel om te controleren of het niet bloemig is. Dit duurt tussen de 6-8 minuten. Verwijder het vanillestokje.
h) Laat de vulling iets afkoelen. Boter zacht maken en laten afkoelen. Klop de zachte boter door de chocoladevulling. Giet in gekoelde taartjes en laat opstijven.
i) Maak als het koud is chocoladeblaadjes met wat gesmolten chocolade en gebruik ze om de taartjes te versieren.

ZEEVRUCHTEN TAARTJES

34. Zeevruchtentaartjes uit Alaska

Maakt: 6 Porties

INGREDIËNTEN:
- 418 gram ingeblikte roze zalm uit Alaska
- 350 gram Pakje filodeeg
- 3 eetlepels walnotenolie
- 15 gram margarine
- 25 gram gewone bloem
- 2 eetlepels griekse yoghurt
- 175 gram zeevruchtensticks; gehakt
- 25 gram walnoten, gehakt
- 100 gram Geraspte Parmezaanse OF geraspte Cheddar kaas

INSTRUCTIES:
a) Verwarm de oven voor op 80 C, 350 F, gasstand 4. Vet 8 afzonderlijke taartvormen of ovenvaste puddingschalen licht in.
b) Giet het blikje zalm af en maak het sap aan tot 200ml / 7fl.ounces met water voor visbouillon. Schil de zalm. Opzij zetten.
c) Bestrijk elk vel filodeeg met olie en vouw het in zestien vierkanten van 12,5 cm / 5 inch. Leg een vierkant in elke taartvorm en laat de puntige hoeken over de rand uitsteken.
d) Bestrijk met olie en leg dan een tweede vierkant van het deeg op de eerste, maar met de hoeken naar boven gericht tussen de originele om een waterlelie-effect te creëren. Bestrijk de punten goed met olie en bak ze vervolgens 5 minuten om op te stijven maar niet bruin te worden. Haal het uit de oven.
e) Verlaag de oventemperatuur tot 150 C, 300 F, gasstand 2. Smelt de margarine en roer de bloem erdoor. Meng de visbouillon erdoor en klop goed om klontjes te verwijderen. Roer de yoghurt, zeevruchtensticks, walnoten en zalmvlokken door de saus en verdeel gelijkmatig over de 8 gebakvormpjes.
f) Strooi het paneermeel over de bovenkant en zet terug in de oven om 5-8 minuten door te verwarmen of tot de kaas en het deeg goudbruin zijn geworden. Serveer onmiddellijk.

35. Langoesten en pittige kaastaart

Maakt: 6 Porties

INGREDIËNTEN:
- 1 huisgemaakt of bereid basistaartdeeg, gekoeld
- 3 el boter
- ¼ kopje in blokjes gesneden rode paprika
- ½ kopje in blokjes gesneden uien
- 3 el fluoride
- 1 pond langoesten staarten
- 1 kopje geraspte hete peper Monterey jack kaas
- 2 eetlepels gehakte groene uien
- 1 zout; twee sleutels
- 1 Cayenne peper; twee sleutels

INSTRUCTIES:
a) Verwarm de oven voor op 350 graden. Rol het deeg op een met bloem bestoven oppervlak uit tot een cirkel van 25 cm. Breng over naar een grote, licht ingevette bakplaat.
b) Smelt boter in een sauteerpan. Als het begint te schuimen, voeg je rode pepers en uien toe en kook je 2 minuten. Voeg bloem toe en kook al roerend gedurende 3 minuten. Voeg langoesten toe en kook nog 2 minuten. Haal van het vuur en vouw de kaas en groene uien erdoor.
c) Breng op smaak met zout en cayennepeper. Hoop langoestenmengsel in het midden van de deegcirkel, laat een rand van 2 tot 3 inch van het deeg over. Vouw het overtollige deeg over de vulling, leg er lagen op, maar bedek de vulling niet volledig. Werk rond de cirkel, blijf over de vorige vouw vouwen, totdat het een rustieke, vrije vorm taart vormt.
d) Schuif de bakplaat in de oven en bak gedurende 35 minuten.

36. Sint-jakobsschelpen en blauwe kaastaart

Maakt: 1 portie

INGREDIËNTEN:
- 6 groot Sint-jakobsschelpen
- 8 rode uien
- 6 ons Blauwe kaas
- 2 ons Mascarpone-kaas
- 1 Eigeel
- 4 oz spinazieblaadjes
- Azijn
- Suiker
- rode wijn
- Peterselie

INSTRUCTIES:
a) Om dit gerecht te maken, moet je eerst de uien koken.
b) Snijd ze hiervoor in dunne plakjes en kook ze in een beetje olijfolie. Kook ze langzaam ongeveer 30 minuten met de azijn.
c) Rol het deeg uit en bekleed een ingevette vorm met het dunne deeg voordat u de vulling maakt. Maak de vulling door de mascarpone en blauwe kaas te mengen met het eigeel en de kruiden.
d) Bak het deeg blind in een hete oven. Verwijder en vul met het mengsel en de gesneden coquilles. Bak in de oven en haal uit de vorm. Serveer met de uienjam ernaast.

37. Romige taart van gerookte zalm en dille

Maakt: 6 Porties

INGREDIËNTEN:
- 5 Blad filodeeg - ontdooid
- 3 eetlepels Ongezouten boter - gesmolten
- 4 groot Eidooiers
- 1 eetl Dijon-mosterd - PLUS 1 theelepel
- 3 groot Eieren
- 1 kopje Half om half
- 1 kopje Slagroom
- 6 ons Gerookte zalm - gehakt
- 4 Groene uien - gehakt
- ¼ kopje Dille - vers, gehakt OF 1 T. gedroogde dille-wiet
- Dille takjes

INSTRUCTIES:
a) Beboter royaal een diepe schotel met een diameter van 9½ inch.
b) Leg 1 filodeegvel op het werkvlak.
c) Bestrijk het filodeegvel met boter en vouw het in de lengte dubbel. Bestrijk het gevouwen oppervlak met boter.
d) Snijd kruiselings doormidden. Plaats 1 filodeegrechthoek, met de beboterde kant naar beneden, in de voorbereide taartplaat, bedek de bodem en laat het deeg 1 deel van de rand ½ inch overhangen.
e) Bestrijk de bovenkant van de filodeeg op een taartplaat met boter. Plaats de tweede filodeeg-rechthoek op een taartplaat, bedek de bodem en laat het deeg een ander deel van de rand ½ inch overhangen; bestrijk met boter.
f) Herhaal het proces met de resterende 4 filodeegvellen en zorg ervoor dat het hele oppervlak van de rand bedekt is om de korst te vormen.
g) Vouw de overhang naar beneden om een korstrand te vormen die gelijk ligt met de rand van de taartplaat.
h) Bestrijk de korstranden met boter.

i) Verwarm de oven voor op 350F. Klop dooiers en mosterd in een kom om te mengen.

j) Klop eieren, half en half, room, zalm, uien en gehakte dille erdoor.

k) Breng op smaak met zout en peper. Giet in de voorbereide korst.

l) Bak tot het midden stevig is, ongeveer 50 minuten.

m) Overbrengen naar rek. Koel. Garneer met dilletakjes en serveer lichtjes warm of op kamertemperatuur.

38. Noorse zalmtaartjes

Maakt: 12 porties

INGREDIËNTEN:
- 10 eetlepels Boter
- 2 kopjes Meel
- Water; koud
- 1 eetl Boter
- 1 groot Ui; gehakt
- 1 kopje Paddestoelen; gesneden
- ½ kopje Zure room
- 1 pond Zalmfilet
- 2 eieren; licht geslagen
- 2 theelepels dille; vers, gehakt
- Zout
- Peper
- 1 Eiwit; licht geslagen
- 1 kopje Zure room
- 2 theelepels Bieslook; gehakt
- 1 theelepel dille; vers, gehakt
- 1 scheutje knoflookpoeder

INSTRUCTIES:
a) Snijd de boter door de bloem met een deegblender en voeg beetje bij beetje water toe tot er een stevig deeg ontstaat.
b) Rol en steek de boven- en onderkant uit voor 12 taartjes.
c) Smelt boter in een koekenpan, voeg ui toe en bruin.
d) Voeg champignons en zure room toe; laat vijf minuten sudderen en afkoelen.
e) Pocheer of stoom ondertussen de vis tot hij gemakkelijk uit elkaar valt. Giet de vis af en schilfer in een kom.
f) Meng hele eieren en dille met vis.
g) Breng op smaak met zout en peper.
h) Meng de vis- en champignonmengsels en schep ze in de bodemkorstjes. Bedek met de tweede korst en knijp de randen samen om te verzegelen.

i) Borstel eiwit over de bovenste korsten en randen.
j) Prikkorstjes voor stoomopeningen. Bak gedurende 10 minuten op 450 graden F., of tot de korst goudbruin is.
k) Meng zure room en kruiden. Voeg voor het serveren een lepel toe aan elke taart.

39. Kleine gerookte zalmtaartjes

Maakt: 6 Porties

INGREDIËNTEN:
- 1¾ kopjes Bloem voor alle doeleinden
- ¼ theelepel Zout John Culbertson Winery.
- 8 eetlepels Boter
- ¼ kopje Koud water

INSTRUCTIES:
a) Doe de bloem, het zout en de boter in de kom van een keukenmachine.
b) Verwerk totdat het deeg op een maaltijd lijkt.
c) Voeg water toe en verwerk totdat het deeg een bal vormt op het mes.
d) Rol het deeg uit met een dikte van ¼ inch en snijd het in rondjes van 2 inch. Bekleed miniatuur taartvormpjes met de deegrondes.
e) Vulling: 4 ons gerookte zalm 5 ons Gruyère kaas, fijn geraspt 4 elk ei, geklopt 1½ kopje melk ½ kopje slagroom ¼ theelepel zout ¼ theelepel peper
f) Dep de plakjes gerookte zalm met keukenpapier om overtollig vocht te verwijderen en snijd de plakjes vervolgens in reepjes van 2,5 cm.
g) Verdeel de gesnipperde zalm over de taartschelpen en strooi de kaas erover.
h) Meng de eieren, melk en room met zout en peper en giet dit in elke taartvorm.
i) Bak de taartjes ongeveer 15 minuten in een voorverwarmde oven van 400 graden F.
j) Blijf tijdens het bakken controleren, want de taartjes zijn klein en nemen veel minder tijd in beslag dan een grotere taart.

40. Feestelijke garnalentaartjes

Maakt: 48 porties

INGREDIËNTEN:
- 2 gebakjes voor dubbele korsttaart of taartbodems.
- 1 kopje Melk
- 1 pak roomkaas , in blokjes
- 4 Eieren, licht geklopt
- 1 kan Babygarnalen, uitgelekt of vers.
- 2 eetlepels Gedroogde bieslook
- ¼ kopje Fijngesneden rode peper
- Zout en peper naar smaak
- Verse dille wiet om te garneren

INSTRUCTIES:
a) Maak 48 kleine taartvormpjes van het deeg. Verwarm melk op laag vuur; voeg al roerend roomkaasblokjes toe tot het glad gesmolten is.
b) Voeg geleidelijk het kaasmengsel toe aan de eieren; roer de resterende ingrediënten erdoor, behalve de dille-wiet. Schep 1 eetlepel vulling in elke taartvorm.
c) Bak op 350 F gedurende 20-25 minuten of gewoon tot het is uitgehard. Garneer met gereserveerde garnalen en dille-wiet. Voor: 48 kleine of 24 middelgrote taartjes.
d) Garneer voor het serveren.

41. Garnalen , ui en tomatentaart

Maakt: 1 portie

INGREDIËNTEN:
- 18 groot Garnaal
- 10 Geplette knoflookteentjes
- 1 snufje Saffraan
- 1 kopje Olijfolie
- 6 Uien
- 8-ounce blik gepelde tomaten
- 2 Ansjovis
- ¼ kopje Kalamata-olijven
- 4 Takje tijm
- 1 Blad bladerdeeg
- 2 Frisée van het hoofd
- 6 bossen Mache

INSTRUCTIES:
a) Een dag voordat u dit gerecht bereidt, marineert u garnalen in een mengsel van 4 teentjes geplette knoflook, zwarte peper, ½ kopje olijfolie en 1 snufje saffraan. Zet een nacht in de koelkast.
b) Schil voor de marmelade de uien, halveer ze en snijd ze in dunne plakjes.
c) Fruit de uien in een pan op laag vuur met 2 eetlepels olie tot ze glazig zijn.
d) Giet de tomaten af, verwijder de zaadjes, hak grof en voeg toe aan de uien.
e) Voeg gehakte ansjovis, gehakte olijven en tijm toe en kook gedurende 3 uur op zeer laag vuur, vaak roerend.
f) Steek ondertussen 6 rondjes bladerdeeg uit van ongeveer 8 cm doorsnee.
g) Leg op een bakplaat met een tweede vel en bak 6 minuten in de oven op 350 graden.
h) Maak de frisée door het groen van de sla af te snijden, alleen het witte gedeelte gebruiken. Frisée fijnhakken en goed wassen.

i) Verwarm in een grote sauteerpan op middelhoog vuur ¼ kopje olijven tot ze heet zijn en kook de garnalen tot ze roze en gekruld zijn.

j) Leg de tomatenmarmelade op elke taartvorm en verwarm 5 minuten in de oven. Breng de frisée op smaak met wat olijfolie, zout en peper.

k) Haal de taart uit de oven en leg hem op een bord, verdeel wat frisée over de taart en bedek hem met garnalen.

l) Garneer met de Mache slablaadjes.

m)   Sprenkel olijfolie rond de taart en serveer.

42. Garnalencocktailtaartjes

Maakt: 20 Voorgerechten

INGREDIËNTEN:
- 1 15 ons pkg. gekoelde taartbodems
- Fijngesneden bladsla
- 1 12 ons pkg. bevroren kleine gekookte garnalen, ontdooid, gespoeld, uitgelekt
- Cocktail saus

INSTRUCTIES:
a) Verwarm de oven tot 450F. Laat beide taartbodemzakjes 15 tot 20 minuten op kamertemperatuur staan.
b) Vouw elke korst open; verwijder het bovenste plastic vel.
c) Vouwlijnen uitdrukken. Keer om en verwijder het resterende plastic vel. Snijd ongeveer tien cirkels van 3 inch uit elke korst.
d) Plaats cirkels over de achterkant van miniatuur muffinvormpjes.
e) Knijp 4 of 5 plooien op gelijke afstand van elkaar rond de zijkanten van de cup.
f) Prik royaal in met een vork. Bak op 450F gedurende 9 tot 13 minuten of tot licht goudbruin. Koel volledig; haal uit muffinvormpjes.
g) Leg een kleine hoeveelheid gehakte sla in elke taartvorm. Schep de stukjes garnaal over de slalaag.
h) Werk af met een kleine hoeveelheid cocktailsaus.

NOTENTAARTJES

43. Amandel taart

Maakt: 8 porties

INGREDIËNTEN:
- Gebakje
- ½ kopje slagroom
- ⅓ kopje suiker
- 1 theelepel geraspte sinaasappelschil
- ¼ theelepel amandelextract
- 1 kop Gesneden amandelen
- Slagroom voor garnering
- Frambozen zijn bewaard gebleven

INSTRUCTIES:
a) Maak minstens 2 meel voordat u taart gaat maken.
b) Als het deeg is afgekoeld, verwarm je de oven tot 375'F. Rol het deeg tussen met bloem bestoven vellen bakpapier uit tot een ronde lap van 25 cm. Past in een 9-inch gecanneleerde taartvorm met verwijderbare bodem.
c) Snijd het deeg gelijk met de rand van de pan.
d) Prik gaatjes in de bodem en zijkanten van het deeg.
e) Plaats de taartvorm op de omrande bakplaat. Bekleed de deegschaal met aluminiumfolie en vul deze met taartgewichten. Bak gedurende 8 minuten; haal de pan uit de oven en til de folie en gewichten eruit. Plaats het deeg terug in de oven en bak 4 minuten langer. Zet apart op een rooster om af te koelen.
f) Roer ondertussen in een kom, met een elektrische mixer op gemiddelde snelheid, room, suiker, schil en extract door elkaar tot de suiker is opgelost, vouw de amandelen erdoor.
g) Schep het amandelmengsel gelijkmatig in de bladerdeegschaal. Zet terug in de oven en bak 20 tot 25 minuten, of tot de vulling goudbruin is. Koel af tot kamertemperatuur op een rooster.
h) Als de taart is afgekoeld, schep je desgewenst slagroom rond de buitenrand; roer de jam en besprenkel met de room. Snijd in 12 partjes en serveer.

i) Gebak: combineer in een kom 1 C ongezeefde bloem voor alle doeleinden, ½ t zout en ½ t suiker. Snijd met een deegblender of 2 messen in 6 T ongezouten boter en 2 T plantaardig bakvet tot het mengsel op grove kruimels lijkt.

j) Voeg geleidelijk 2½ tot 3 T ijswater toe aan het bloemmengsel, meng lichtjes met een vork tot het deeg vochtig genoeg is om een bal te vormen. Rol met de handen in een bal en druk plat tot een dikte van 1 inch. Verpak en koel gedurende minstens 2 uur voor gebruik.

44. Mexicaanse chocoladetaart met gekruide pecannoten

INGREDIËNTEN:
PECANNEN
- Plantaardige oliespray met antiaanbaklaag
- 1 groot eiwit
- 2 eetlepels suiker
- 1 eetlepel goudbruine suiker
- 1 theelepel gemalen kaneel
- ¼ theelepel zout
- ⅛ theelepel cayennepeper
- 1 ½ kopje pecannoothelften

KORST
- 1 kopje chocoladewafelkoekjeskruimels, fijngemalen in de processor
- ¼ kopje suiker
- ½ theelepel gemalen kaneel
- ⅛ theelepel zout
- 5 eetlepels ongezouten boter, gesmolten

VULLING
- 1 kop zware slagroom
- 4 ons bitterzoete of halfzoete chocolade, gehakt
- Een schijf van 3,1 ounce Mexicaanse chocolade
- ¼ kopje ongezouten boter, in 4 stukken gesneden
- 2 theelepels vanille-extract
- 1 theelepel gemalen kaneel
- ¼ theelepel zout
- Licht gezoete slagroom

INSTRUCTIES:
VOOR DE PECANNEN:
a) Verwarm de oven voor op 350 ° F. Spuit omrande bakplaat in met anti-aanbakspray.
b) Klop alle ingrediënten behalve pecannoten in een kom. Roer de pecannoten erdoor.
c) Verspreid in een enkele laag op een vel, afgeronde kant naar boven.

d) Bak tot ze net bruin en droog zijn, ongeveer 30 minuten. Koel op blad.
e) Scheid de moeren en verwijder de overtollige coating.

VOOR DE KORST:
f) Verwarm de oven voor op 350 ° F. Mix de eerste 4 ingrediënten in de processor.
g) Voeg gesmolten boter toe; proces totdat de kruimels bevochtigd zijn.
h) Druk de kruimels in een taartvorm met een diameter van 9 inch en een verwijderbare bodem, tot op ⅛ inch van de bovenkant.
i) Bak tot het stevig is, ongeveer 20 minuten. Koel op rooster.

VOOR DE VULLING:
j) Breng de room aan de kook in een middelgrote pan. Haal van het vuur.
k) Chocolade toevoegen; klop tot het gesmolten is. Voeg boter toe, 1 stuk per uur; klop tot een gladde massa.
l) Klop vanille, kaneel en zout erdoor. Giet de vulling in de korst. Koel tot de vulling begint te harden, ongeveer 15 tot 20 minuten.
m) Schik noten in concentrische cirkels bovenop de taart. Chill tot set, ongeveer 4 uur.

45. Frangipanetaart met seizoensfruit

INGREDIËNTEN:
- 1 portie pâte brisée
- 6 eetlepels ongezouten boter, zacht
- ½ kopje suiker
- 1 groot ei
- ¾ kopje geblancheerde amandelen, fijn gemalen
- 1 theelepel amandelextract
- 1 eetlepel Amaretto
- 1 eetlepel bloem voor alle doeleinden
- 2 kopjes aardbeien, ontpit
- 2 kopjes frambozen, geplukt en gespoeld
- ¼ kopje aardbeien- of frambozenjam, gesmolten en gezeefd

PÂTE BRISÉE
- 1¼ kopje bloem voor alle doeleinden
- 6 eetlepels koude ongezouten boter, in stukjes gesneden 2 eetlepels koud plantaardig bakvet
- ¼ theelepel zout

INSTRUCTIES:
PÂTE BRISÉE
a) Meng in een kom de bloem, boter, plantaardig bakvet en zout tot het mengsel op een maaltijd lijkt.
b) Voeg 2 eetlepels ijswater toe, meng het mengsel tot het water is opgenomen, voeg indien nodig meer ijswater toe om een deeg te vormen en kneed het deeg tot een bal.
c) Bestuif het deeg met bloem en laat het, gewikkeld in vetvrij papier, 1 uur afkoelen.
SCHERP
d) Rol het deeg ⅛ - een inch dik uit op een licht met bloem bestoven oppervlak, plaats het in een 11-bij 8-inch rechthoekige of 10- of 11-inch ronde taartvorm met een verwijderbare geribbelde rand, en laat de schaal afkoelen terwijl je de frangipane maakt.

e) Klop in een kom de boter en de suiker romig en klop het ei, de amandelen, het amandelextract, de Amaretto en de bloem erdoor.

f) Verdeel de frangipane gelijkmatig over de bodem van de schaal en bak de taart in het midden van een voorverwarmde 375°F. boven gedurende 20 tot 25 minuten, of totdat de schaal bleek goudkleurig is.

g) Laat de taart afkoelen. Snijd de aardbeien in de lengte in plakjes van ⅛-inch dik, leg de plakjes overlappend decoratief met de frambozen in rijen op de frangipane en bestrijk ze voorzichtig met de jam.

46. Bakewell-taart

INGREDIËNTEN:

- 1 geweldige onkrimpbare zoete taartschaal, gedeeltelijk gebakken in een 9-inch taartvorm met verwijderbare bodem
- 1 kop grof gehakte amandelen, geblancheerd als je ze kunt vinden
- 1 ½ eetlepel bloem voor alle doeleinden
- ⅔ kopje suiker
- 9 eetlepels ongezouten boter, op kamertemperatuur
- 1 groot ei
- 1 groot eiwit
- ½ theelepel amandelextract
- 1 ½ theelepel sinaasappelschil
- ⅓ kopje frambozenjam
- Geschaafde of gesneden amandelen, voor garnering

INSTRUCTIES:

a) Maal amandelen en bloem fijn in een keukenmachine. Meng suiker, dan boter, extract en sinaasappelschil. Mixen tot een gladde substantie. Meng ei en eiwit erdoor. Doe de vulling in een kom. Dek af en laat minstens 3 uur afkoelen.

b) Plaats het rek in het midden van de oven en verwarm voor op 350 ° F. Verdeel de jam over de bodem van de taartvorm. Schep de amandelvulling er helemaal overheen en verdeel het voorzichtig met een spatel. Als je geschaafde of in plakjes gesneden amandelen als garnering gebruikt, strooi ze er dan nu over. Bak de taart goudbruin en een tester die in het midden van de vulling wordt gestoken, komt er schoon uit, ongeveer 45 minuten. Koele taart in pan op rooster.

c) Om te serveren, duwt u de bodem van de pan omhoog, zodat de taart uit de pan komt. Snijd de taart in punten en bestrooi eventueel met poedersuiker.

d) Vooruit: Amandelvulling kan 2 dagen van tevoren worden gemaakt. Koel bewaren. Hele taart kan ook een halve dag van tevoren gemaakt worden. Makkelijk te bewaren bij kamertemperatuur

47. Taartje van appel-notenrooster

Maakt: 1 portie

INGREDIËNTEN:
- 15-ounce pakket gekoelde taartbodems
- 3 kopjes Dun gesneden geschilde appels
- ½ kopje Suiker
- 3 eetlepels gouden rozijnen
- 3 eetlepels Gehakte walnoten of pecannoten
- ½ theelepel Kaneel
- ¼ theelepel Geraspte citroenschil
- 2 theelepels Citroensap
- 1 Eigeel; het ritme
- 1 theelepel Water
- ¼ kopje Poedersuiker
- 1 theelepel Citroensap

INSTRUCTIES:
a) Bereid taartbodem volgens de aanwijzingen op de verpakking voor taart met twee korsten met behulp van een 10-inch taartvorm met verwijderbare bodem of een 9-inch taartvorm.
b) Plaats 1 voorbereide korst in de pan; druk de bodem en de zijkanten van de pan in. Randen bijsnijden indien nodig.
c) Verwarm de oven tot 400 F. Plaats de bakplaat in de oven om voor te verwarmen. Combineer in een kom appels, suiker, rozijnen, walnoten, kaneel, citroenschil en 2 theelepels citroensap; gooi lichtjes om te coaten. Lepel in de met korst beklede pan.
d) Om een roostertop te maken, snijdt u de tweede korst in reepjes van ½ inch breed. Schik stroken in roosterontwerp over vulling. Randen bijsnijden en afdichten. Combineer eidooier en water in een kom; borstel voorzichtig over het rooster.
e) Plaats taart op voorverwarmde bakplaat. Bak 40 tot 60 minuten op 400 F. of tot de appels zacht zijn en de korst goudbruin is. Bedek de rand van de korst met stroken folie na 15 tot 20 minuten bakken om overmatig bruin worden te voorkomen. Koel 1 uur.

f) Combineer de ingrediënten voor het glazuur in een kom en voeg voldoende citroensap toe voor de gewenste miezerige consistentie. Sprenkel over een licht warme taart. Koel; verwijder de zijkanten van de pan.

48. Abrikozen-macadamia notentaart

Maakt: 12 porties

INGREDIËNTEN:
- 1½ kopje Meel
- ⅔ kopje Boter; verzacht
- ¼ kopje Bruine suiker; Ingepakt
- 2 eetlepels Cacao
- 1 Eieren
- 8 ons Gedroogde abrikozen
- 3½ ons Macadamia noten; grof gehakt
- ⅓ kopje Suiker
- ¼ kopje Boter; gesmolten
- ½ kopje Lichte glucosestroop
- ¼ theelepel Zout
- 2 Eieren

IN CHOCOLADE GEDOMPELDE ABRIKOZEN
- ¼ kopje Halfzoete chocoladeschilfers
- 1 theelepel Verkorting
- 12 Gedroogde abrikozen

INSTRUCTIES:
a) Verwarm boven twee 400¼. Meng alle ingrediënten voor het deeg tot er een deeg ontstaat.
b) Druk stevig en gelijkmatig tegen de bodem en zijkant van een niet-ingevette 11-inch taartvorm met verwijderbare bodem. Bak gedurende 10-12 minuten of tot het gestold is.
c) Verwarm na het bakken van het deeg de oven voor op 375 ¼. Reserveer 12 abrikozen voor in chocolade gedoopte abrikozen; Hak de overige abrikozen grof.
d) Strooi noten en gehakte abrikozen gelijkmatig over het gebakken deeg.
e) Klop suiker, boter, glucosestroop, zout en eieren tot een gladde massa. Giet over noten en abrikozen.
f) Bak gedurende 25 tot 30 minuten of tot het gestold is.

g) Bekleed de plaat met vetvrij papier. Plaats chips en bakvet in een kleine magnetronbestendige kom. Magnetron onafgedekt op medium gedurende 2 tot 3 minuten of tot het mengsel soepel kan worden geroerd.

h) Doop de helft van elke abrikoos in het chocolademengsel; plaats op een bord.

i) Laat staan tot de chocolade droog is. Leg op de taart.

49. Notentaart met bramenroom

Maakt: 1 portie

INGREDIËNTEN:
- ⅓ kopje Bloem voor alle doeleinden
- ½ theelepel Zout
- 1 8-ounce pakket roomkaas, verzacht
- ¼ kopje Gezoete gecondenseerde melk
- 2 eetlepels Gezeefde poedersuiker
- 1 16-ounce pakket bevroren bramen, ontdooid en uitgelekt
- ½ kopje Kristalsuiker
- 3 eetlepels Maïszetmeel
- ½ kopje Fijngemalen walnoten
- 1½ kopje Gezeefde poedersuiker
- 2 eetlepels Bakvet met botersmaak
- ½ theelepel Vanille
- ½ kopje Bakvet met botersmaak
- 3 eetlepels IJswater
- 1 eetl Vers citroensap
- ¼ kopje Witte chocoladeschilfers
- ¼ kopje Walnoten
- 2 eetlepels Boysenberry-siroop
- 1 theelepel Boter of margarine
- ½ theelepel Vers citroensap
- ⅛ theelepel Zout
- ½ theelepel Boter aroma
- 4 eetlepels slagroom

INSTRUCTIES:
a) Om de korst te maken: Verwarm de oven voor op 425 graden. Meng bloem en zout in een kom. Snijd het bakvet in met behulp van een deegblender of 2 messen tot alle bloem is gemengd in twee stukjes ter grootte van een erwt.
b) Besprenkel met water, 1 eetlepel per uur. Meng lichtjes met een vork tot het deeg een bal vormt. Druk tussen de handen om een "pannenkoek" van 5 tot 6 inch te vormen.

c) Bestuif het roloppervlak en de deegroller licht met bloem. Rol het deeg uit tot een cirkel. Snijd 1 inch groter dan een omgekeerde 9-inch taartvorm met verwijderbare formaten. Maak het deeg voorzichtig los. Vouw in vieren. Bloemtaartvorm lichtjes.

d) Vouw het deeg open en druk het in de taartvorm. Trim de rand zelfs met de bovenkant van de rand. Prik de bodem en zijkanten 50 keer goed in met een vork om krimpen te voorkomen.

e) Bedek de rand met een dubbele laag folie om te bruin worden te voorkomen.

f) Bak gedurende 10 tot 15 minuten of tot ze lichtbruin zijn. Koel af tot kamertemperatuur.

g) Om roomkaasvulling te maken: combineer roomkaas, gecondenseerde melk, poedersuiker en citroensap in een kom. Klop op de lage snelheid van een elektrische mixer tot romig. Doe witte chocoladeschilfers en noten in een werkkom van een keukenmachine. Verwerk tot het fijngehakt is. Meng door het kaasmengsel. Verdeel over de bodem van de afgekoelde gebakken taartvorm.

h) Om fruitvulling te maken: combineer bramen, suiker, maizena en boysenberrysiroop in een middelgrote pan. Kook en roer op middelhoog vuur tot het mengsel dik en helder is. Haal van het vuur. Roer boter, citroensap en zout erdoor. Doe over in een kom. Koel af tot kamertemperatuur. Lepel over kaasvulling.

i) Om topping te maken: strooi noten over fruitvulling op een roostermanier.

j) Twee garnituren: combineer poedersuiker, bakvet, vanille, boteraroma en 3 eetlepels room in een kom. Klop tot een gladde massa, voeg indien nodig meer room toe voor de gewenste consistentie. Lepel in de decoratiezak met de gewenste punt. Vorm een decoratieve rand rond de rand van de taart.

k) Zet 1 tot 2 uur in de koelkast. Rijm verwijderen. Snijd in porties. Bewaar restjes in de koelkast.

50. **Wortel-notentaart**

Maakt: 8 porties

INGREDIËNTEN:
- 1 Taartschaal; gedeeltelijk gebakken
- 3 Eieren
- ⅓ kopje Suiker
- 1 theelepel Citroensap en citroenschil
- 2 kopjes Fijngesneden wortel
- 4 eetlepels Gesmolten boter
- ½ theelepel Bakpoeder
- ⅔ kopje Meel
- ½ kopje Amandelen
- ¼ kopje Abrikozen glazuur

INSTRUCTIES:
a) Meng eieren, suiker, citroensap en schil; voeg wortels en boter toe en roer goed.
b) Meng noten, bloem en bakpoeder in aparte kommen. Meng twee mengsels; giet in een gedeeltelijk gebakken taart of taartvorm. Bak ongeveer 20 minuten op 400 graden.
c) Voor het glazuur, ingeblikte abrikozenconserven, voeg 2 eetlepels cognac toe en bedek de bovenkant van de taart wanneer de taart uit de oven komt.

51. **Karamel notentaart**

Maakt: 1 portie

INGREDIËNTEN:
- 1 kopje Suiker
- ⅔ kopje Heavy cream
- ¼ kopje ongezouten boter; in kleine stukjes snijden
- 3 eetlepels Honing
- ½ theelepel Zout
- 2½ kopjes walnoot helften
- 1 portie Pâte Sucrée-deeg
- 2 ons Bitterzoete chocolade; gehakt
- 2½ kopjes Bloem voor alle doeleinden
- 3 eetlepels Suiker
- 2 Plakt koude ongezouten boter; in stukken gesneden
- 2 grote Eidooiers
- 4 eetlepels Ijswater

INSTRUCTIES:
a) Breng in een zware pan ¼ kopje water en suiker aan de kook, roer tot de suiker is opgelost. Kook siroop in een afgedekte pan, zonder te roeren; je kunt de pan ronddraaien of de zijkanten van de pan afwassen met een deegborstel die in water is gedoopt om eventuele suikerkristallen te verwijderen die zijn blijven hangen totdat deze goudbruin begint te worden.
b) Voeg voorzichtig room toe en zet de pan terug op het vuur. Voeg boter, honing en zout toe, roer tot de boter is gesmolten en het mengsel glad is. Roer de walnoten erdoor en laat, onafgedekt, op middelhoog vuur, af en toe roerend, ongeveer 5 minuten sudderen. Haal van het vuur en laat afkoelen.
c) Rol ondertussen de helft van de paté Sucrée tussen 2 vellen plastic folie tot een cirkel van 25 cm. Plaats het deeg in een 9-inch gecanneleerde taartvorm met een verwijderbare bodem. Rol de deegroller over de taartvorm om het deeg gelijkmatig te snijden. Laat 20 tot 30 minuten afkoelen.

d) Verwarm de oven voor op 400. Vul de taartvorm met een afgekoeld walnotenmengsel en verdeel het gelijkmatig met een rubberen spatel. Rol het resterende deeg tussen 2 vellen plasticfolie uit tot een cirkel van 25 cm. Breng over naar de taartvorm. Druk de bovenste rand van de korst tegen de onderste korst om te verzegelen. Rol de deegroller over de taartvorm om de rand bij te snijden. Vries gedurende 20 minuten in.

e) Bak op een met bakpapier beklede bakplaat tot de korst goudbruin is, ongeveer 25 tot 30 minuten. Koel op een rooster.

f) Smelt de chocolade in een dubbele ketel boven nauwelijks kokend water, roer tot een gladde massa. Laat de chocolade afkoelen en doe deze in een spuitzak met een heel klein glad puntje.

g) Spuit chocolade in een cirkelvormig patroon over het hele oppervlak van de taart. Lichte chocolade ingesteld op kamertemperatuur, gedurende ongeveer 1 tot 2 uur.

PATE SUCRÉE

h) Doe de bloem en suiker in de keukenmachine; puls om te combineren.

i) Voeg boter toe; pulseer tot het mengsel lijkt op een grove maaltijd, 10 tot 20 seconden.

j) Klop de eidooiers lichtjes; voeg ijswater toe. Voeg toe aan de keukenmachine terwijl de machine draait; proces totdat het deeg bij elkaar blijft.

k) Verdeel het deeg in twee porties; veranderen in twee afzonderlijke stukken plasticfolie.

l) Maak ze plat tot een cirkel en wikkel ze in plasticfolie; minimaal 1 uur in de koelkast zetten.

52. **Notenvruchtentaartjes**

Maakt: 6 Porties

INGREDIËNTEN:
- 1½ kopje Slagroom
- 1½ kopje Gepofte rozijnen
- 1 kopje Gehakte noten
- ½ kopje Suiker
- 2 Bananen, gesneden
- 6 Marasquinkersen, gehakt
- Weinig korrels zout

INSTRUCTIES:
a) Klop slagroom stijf. Vouw suiker en zout erdoor. Verdeel in 2 porties.

b) Combineer bananen en rozijnen met ½ van de room. Stapel lichtjes in gebakken individuele gebakjes. Bedek met de resterende room. Garneer met kersen en noten. 20 porties.

53. Sinaasappel paranotentaartje

Maakt: 4 porties

INGREDIËNTEN:
- 3 Eieren, gescheiden
- ¾ kopje Kristalsuiker
- Geraspte schil van 1 sinaasappel
- 1 theelepel Vanille-extract
- 2 kopjes Fijngemalen paranoten
- 1½ eetlepels Bloem voor alle doeleinden
- ¼ theelepel Zout
- Garneer:
- 2 Grapefruits
- 2 Sinaasappelen
- 4 groot Eiwitten
- 1¼ kopjes Kristalsuiker

INSTRUCTIES:
a) Verwarm de oven voor op 350 graden. Bekleed een 10-inch ronde taartvorm met bakpapier, boter en bloem.
b) Klop in een kom de eierdooiers en de suiker lichtgeel. Voeg de sinaasappelschil en vanille toe, klop tot licht en luchtig en zet opzij.
c) Meng in een kom 1 kopje paranoten met de bloem en zet apart. Bewaar de overige noten voor de garnering.
d) Klop in een andere kom de eiwitten schuimig. Strooi het zout erbij en blijf kloppen tot er zich zachte pieken vormen. Wissel afwisselend het noten- en bloemmengsel en het losgeklopte dooiermengsel erdoor tot ze gecombineerd zijn. Giet in de voorbereide pan.
e) Bak gedurende 25 tot 30 minuten, of tot ze lichtbruin zijn. Zet op een rek om af te koelen, ongeveer 10 minuten. Ga met een mes langs de rand om los te maken en om te keren op een schaal. Verwijder het perkament en laat volledig afkoelen.
f) Verwarm ondertussen de oven voor op 300 graden. Leg de cake op een bakplaat bekleed met bakpapier.

g) Werk boven een kom om de sappen op te vangen, schil de grapefruits en sinaasappels en snijd tussen de vliezen om de partjes te verwijderen. Verwijder de zaden. Schik de secties over de cake. Giet het sap door een zeef en sprenkel het over de cake.

h) Klop in een kom de eiwitten schuimig. Voeg geleidelijk de suiker toe, klop tot er stijve pieken ontstaan, ongeveer 10 minuten. Vouw voorzichtig de gereserveerde 1 kop gemalen paranoten erdoor.

i) Verdeel de meringue gelijkmatig over de cake en bak gedurende ½ uur. Laat afkoelen op een rooster en serveer.

54. Pijnboompittentaart

Maakt: 4 porties

INGREDIËNTEN:
- 1 Blad bladerdeeg
- 2 kopjes pijnboompitten
- 2 eetlepels Honing
- 1 kopje Suiker
- 3 Eieren
- 3 eetlepels Extra vergine olijfolie
- Zest van 1 citroen
- 2 eetlepels walnoten likeur

INSTRUCTIES:
a) Verwarm de oven voor op 425 graden. Plaats het deeg stevig in de schaal en plooi de randen met extra deeg om de randen te behouden. Bedek het deeg met bakpapier, vul het met gedroogde witte bonen en plaats het in de oven.
b) Laat 8 tot 10 minuten koken, verwijder perkament en bonen en kook tot ze droog en licht goudbruin zijn, nog ongeveer 8 tot 10 minuten. Verwijder en laat afkoelen.
c) Roer in een kom pijnboompitten, honing, suiker, eieren, olijfolie, citroenschil en likeur tot een gladde massa. Giet in de afgekoelde bladerdeegschaal en bak 20 minuten, of tot het vrij stevig en lichtbruin bovenop is.
d) Laat afkoelen tot kamertemperatuur en serveer.

FRUITTAARTJES

55. Amandel-abrikozentaartjes

Maakt: 18 porties

INGREDIËNTEN:
- ½ kopje boter
- 3 ons roomkaas
- ⅓ kopje boter
- ½ kopje suiker
- 1 elk ei
- ½ theelepel Vanille pakje verzacht
- 1 kopje bloem voor alle doeleinden
- ⅔ kopje Grofgemalen geroosterde geblancheerde amandelen
- ⅓ kopje abrikozenconfituur
- snij amandelen

INSTRUCTIES:
a) DEEG: Klop de ½ kop boter en de roomkaas met een elektrische mixer gedurende 30 seconden. Roer de bloem erdoor. Dek af en laat 1 uur afkoelen.
b) VULLEN: Klop de ⅓ kopje boter met een elektrische mixer gedurende 30 seconden. Klop de suiker erdoor, dan het ei en de vanille.
c) Roer de gemalen amandelen erdoor. Druk 1 eetlepel van het deeg gelijkmatig in de bodem en langs de zijkanten van elk van de achttien 2- tot 2 ½-inch taartpannen.
d) Schep 1 theelepel van de amandelvulling op elk taartje.
e) Bak op een bakplaat gedurende 20 tot 25 minuten in een oven van 350F. Koel de taartjes ongeveer 10 minuten in de pan. Verwarm en roer ondertussen de abrikozenconfituur op laag vuur tot ze gesmolten zijn.
f) Haal de taartjes uit de pannen en plaats ze op roosters. Terwijl de taartjes nog warm zijn, bestrijk je de vulling met de gesmolten confituur.
g) Garneer eventueel met gesneden amandelen. Koel. Voor: 18 taartjes.

56. Elzasser pruimentaart

Maakt: 6 tot 8

INGREDIËNTEN:
- Boter
- 7 grote rode pruimen, ontpit, elk in 8 partjes gesneden
- 4 eetlepels Suiker
- 1 Pate Sucrée Deeg
- ½ theelepel gemalen kaneel
- 1 Eiwit, geslagen om te mengen
- Vanille-ijs

INSTRUCTIES:
a) Verwarm de oven voor op 400F. Bekleed bakplaat met folie; boter folie.
b) Plaats pruimen op het voorbereide vel, gelijkmatig verdeeld. Bestrooi met 2 eetlepels suiker. Bak tot de pruimen zacht zijn maar nog steeds hun vorm behouden, ongeveer 30 minuten. Koele pruimen op blad.
c) Rol het deeg op een met bloem bestoven oppervlak uit tot een ronde lap met een diameter van 12 inch.
d) Breng het deeg over naar het midden van een andere zware grote bakplaat. Overlap pruimen in concentrische cirkels op het deeg en vorm een cirkel met een diameter van 9 inch in het midden.
e) Combineer de resterende 2 eetlepels suiker en kaneel in een kom. Strooi het suikermengsel over de pruimen. Vouw de rand van het deeg over de pruimen en knijp om eventuele scheuren in het deeg te dichten. Bestrijk de korst tweemaal met eiwit.
f) Bak de taart tot de korst goudbruin is, ongeveer 25 minuten. Laat een dun scherp mes voorzichtig onder de taartranden lopen om het vel los te maken. Koel gedurende 15 tot 30 minuten. Serveer scherp en lichtjes warm met ijs.

57. appeltaart

Maakt: 4 porties

INGREDIËNTEN:
ZOET GEBAK DEEG:
- 1 kop meel
- 3 eetlepels Suiker
- ¼ theelepel bakpoeder
- snufje Zout
- 4 eetlepels Ongezouten boter
- 1 groot ei

APPEL VULLING:
- 3 Golden Delicious-appels
- 2 eetlepels Suiker
- ¼ theelepel kaneel

KIRSCH CUSTARD:
- ⅔ kopje slagroom
- 3 eetlepels Suiker
- 1 eetlepel kirsch
- 3 Eierdooiers

INSTRUCTIES:
a) Combineer voor het deeg droge ingrediënten in een keukenmachine en pulseer om te mengen. Voeg boter toe en pulseer. Voeg het ei toe en blijf pulseren tot het deeg een bal vormt. Rol het deeg uit tot een schijf van 14 inch en bekleed een taartvorm van 10 inch. Koel het deeg enkele uren of een nacht.

b) Schil, kern, halveer en snijd de appels ⅛-inch dik; schik op deeg, overlappend. Bestrooi met kaneelsuiker. Combineer voor de custard alle ingrediënten; klop met de hand tot een gladde massa en goed gemengd; spanning en reserve.

c) Bak ongeveer 35 minuten op 350 graden of tot de appels en de korst gaar zijn. Taart van bovenaf verwijderen; giet de banketbakkersroom erop en pas op dat het niet overstroomt. Zet de taart 5 tot 10 minuten in de oven of tot de custard stevig is, maar niet gekleurd of gepoft.

58. Tarte tatin van appel en rozijnen

Maakt: 6 Porties

INGREDIËNTEN:
- 2 eetlepels Boter
- 3 eetlepels rum
- 1 kopje Gemengde rozijnen en krenten
- 2 pond Met appels
- 17 ounce pakket bevroren bladerdeeg
- ¼ kopje plus 2 eetlepels witte suiker
- Boven: 400F

INSTRUCTIES:
a) Appels schillen, klokhuis verwijderen en in achtsten snijden. Vul een kom, groot genoeg om een 9 "gietijzeren braadpan in te zetten, met ijsblokjes en vul dan bij met water. Smelt boter in een 9" gietijzeren braadpan op middelhoog vuur. Voeg suiker toe.

b) Roer tot het bruin en ENKEL gekarameliseerd is. Plaats de braadpan in ijswater om uit te harden en vervolgens op een koelrek. Zie hierboven. Doe rozijnen en krenten in een kom. Voeg rum toe en bedek met heet water. Giet na een minuut of 5 af.

c) Strooi een derde van de rozijnen en krenten over de karamel. Leg de appelschijfjes met de afgeronde kant naar beneden en zo dicht mogelijk bij elkaar in een cirkelvormig patroon. Bestrooi met de resterende rozijnen en krenten.

d) Snijd het deeg 2 centimeter groter dan een koekenpan. Leg het deeg erop en stop de zijkanten en onder de rand van de buitenste rij appels naar beneden. Bak gedurende 30 minuten en stort dan op een decoratief bord terwijl het nog heet is.

e) Serveer terwijl het nog warm is met vers slagroom.

59. Appel-kaneeltaart

Maakt: 10 porties

INGREDIËNTEN:
- 1½ kopje gerolde haver
- 1 eetlepel kaneel
- ½ theelepel kaneel
- ¾ kopje appelsap
- 2 grote appels, geschild/in plakjes
- 1 theelepel citroensap
- ⅓ kopje koud water
- 1 pakje gelatine zonder smaak
- 2 kopjes vetvrije yoghurt
- ¼ kopje Honing
- ½ theelepel Amandelextract

INSTRUCTIES:
a) Verwarm de oven voor op 350. Bereid een taartplaat voor met kookspray. Combineer havermout en 1 eetlepel kaneel in een kom.

b) Gooi met ¼ kopje appelsap. Druk op de bodem van de taartplaat. Bak gedurende 5 minuten of tot het gestold is. Koel. Meng in een kom appelschijfjes met citroensap; schik op afgekoelde korst in de pan en zet opzij.

c) Combineer water en de resterende ½ kopje appelsap in een pan. Strooi gelatine over het watermengsel; gemakkelijk 3 minuten laten staan om zacht te worden.

d) Kook en roer op middelhoog vuur tot de gelatine volledig is opgelost; van het vuur halen. Voeg yoghurt, honing, resterende ½ theelepel kaneel en amandelextract toe; meng goed.

e) Giet over appels in de korst. Koel gedurende enkele uren of 's nachts.

60. Omgekeerde appeltaart met cranberry's

Merken:1

INGREDIËNTEN:
- ⅔ kopje suiker
- 3 eetlepels water
- 6 Taartappels, geschild, klokhuis verwijderd en in dunne plakjes gesneden
- 1 kopje veenbessen
- 3 eetlepels Suiker
- 1 eetlepel Boter
- 1 Ongebakken taartvorm

INSTRUCTIES:
a) Laat ⅔ kopje suiker en 3 eetlepels water 5 minuten sudderen in een kleine pan met deksel. Ontdek en kook tot een gouden dikke karamel.
b) Haal onmiddellijk van het vuur zodat de karamel niet aanbrandt. Giet in een 10-inch glazen of metalen taartplaat. Wervel om de bodem te bedekken.
c) Leg een derde van de appelschijfjes op de karamel.
d) Bestrooi met een derde van de veenbessen en bestrooi met 1 eetlepel suiker. Herhaal twee keer met het resterende fruit en de suiker, Stip met boter.
e) Leg het deeg losjes over het fruit. Bak gedurende 30 minuten op 400. Verwijder op een rek en laat 5 minuten afkoelen. Kantel de taartplaat over de kom en giet alle opgehoopte sappen weg. Keer de serveerschaal om over de taart. Keer beide tegelijk om.
f) Til de taartplaat op. Serveer de taart warm met vanille-ijs.

61. Appel-frambozentaart

Maakt: 8 porties

INGREDIËNTEN:
- 1 kopje bloem voor alle doeleinden
- ½ theelepel Zout
- ⅓ kopje Verkorting
- 2 eetlepels koud water; tot en met 3
- 1 ei; gescheiden
- 23 ons dikke appelmoes
- 1 kopje verse frambozen OF 10 ounce pkg. bevroren; ontdooid, uitgelekt
- 2 eetlepels Suiker
- ½ theelepel kaneel
- ¾ kopje bloem voor alle doeleinden
- ½ kopje Stevig verpakte bruine suiker
- ½ theelepel kaneel
- ⅓ kopje margarine of boter; verzacht

INSTRUCTIES:
a) Verwarm de oven tot 400F.
b) Meng bloem en zout in een kom. Gebruik een deegblender of 2 messen om het bakvet in het bloemmengsel te snijden tot de deeltjes zo groot zijn als kleine erwten.
c) Voeg geleidelijk water toe, roer met een vork tot het mengsel bevochtigd is.
d) Verzamel het deeg tot een bal. Platte bal. Rol uit op een licht met bloem bestoven oppervlak van het midden naar de rand in een cirkel die 1½ inch groter is dan de omgekeerde 9-inch taartvorm.
e) Vouw het deeg dubbel; plaats in de pan. Ontvouwen; druk op de bodem en de zijkanten van de pan. Randen bijsnijden indien nodig.
f) Bak gedurende 5 minuten op 400F. Van bovenaf verwijderen; verlaag de oventemperatuur tot 375F. Klop in een kom het eiwit

los. Borstel over het hele oppervlak van de gedeeltelijk gebakken korst. Bewaar de dooier voor de vulling.

g) Meng in een kom appelmoes, frambozen, suiker, ½ theelepel kaneel en eigeel. Giet in een met deeg beklede pan.

h) Combineer alle topping-ingrediënten in een kom ; strooi over het fruitmengsel. Bak op 375F gedurende 40 tot 50 minuten of tot de topping goudbruin is.

i) Koel; verwijder de zijkanten van de pan. Serveer met slagroom.

62. Bosbessen Karnemelk Taart

Maakt: 1 portie

INGREDIËNTEN:
SCHELP
- 1½ kopje bloem voor alle doeleinden
- ¼ kopje suiker
- ¼ theelepel Zout
- ¼ pond koude boter; stukjes gesneden
- 1 groot ei; klop met
- 2 eetlepels ijswater
- Rauwe rijst; voor weegschalen

KARNEMELK VULLING
- 1 kop Karnemelk
- 3 grote eierdooiers
- ½ kopje suiker
- 1 eetlepel citroenschil; rooster
- 1 eetlepel Vers citroensap
- ½ Stick ongezouten boter; smelten, afkoelen
- 1 theelepel vanille
- ½ theelepel Zout
- 2 eetlepels bloem voor alle doeleinden
- 2 kopjes bosbessen; liever kiezen
- Banketbakkerssuiker

INSTRUCTIES:
SCHELP
a) Roer in een kom bloem, suiker en zout door elkaar. Voeg boter toe en mix tot het mengsel lijkt op een grove maaltijd. Voeg het dooiermengsel toe, meng tot de vloeistof is opgenomen en vorm het deeg tot een schijf. Bestuif het deeg met bloem en laat het, gewikkeld in plasticfolie, 1 uur rusten. Rol het deeg ⅛ "dik uit op een met bloem bestoven oppervlak en plaats het in een 10" taartvorm met een verwijderbare geribbelde rand.
b) Koel de schaal minstens 30 minuten of, afgedekt, een nacht.
c) Verwarm de oven voor op 350 graden.

d) Bekleed de schaal met folie en vul deze met rijst. Bak de schaal in het midden van de oven in 25 minuten gaar.

e) Verwijder folie en rijst voorzichtig en bak de schaal nog 5 minuten, of tot licht goudbruin. Koele schaal in pan op een rek.

VULLING

f) Mix de ingrediënten voor de vulling in een blender of processor tot een gladde massa. Verdeel de bosbessen gelijkmatig over de bodem van de schaal.

g) Giet karnemelkvulling over bosbessen en bak in het midden van de oven gedurende 30 tot 35 minuten of tot ze net gestold zijn.

h) Verwijder de rand van de pan en laat de taart helemaal afkoelen in de pan op het rooster. Zeef de banketbakkerssuiker over de taart en serveer op kamertemperatuur of gekoeld met bosbessenijs. Bron: Conde Nast's Gourmet's Weekends.

63. Gemengde fruittaart

Maakt: 8 porties

INGREDIËNTEN:
- ¼ kopje Rozijnen
- ½ kopje Kokend water
- 8 sneetjes wit brood
- 1½ kopje 1% Magere melk, verdeeld
- 1 kopje Geschilde, in stukjes gesneden peer
- 2 eetlepels Meel
- ¼ kopje + 2 Tb. suiker, verdeeld
- 2 eetlepels Maïsmeel
- 1 theelepel Geraspte citroenschil
- 3 Eieren, licht losgeklopt
- ½ kopje Pitloze rode druiven gehalveerd
- 2 theelepels Gehakte verse rozemarijn
- 2 theelepels Olijfolie

INSTRUCTIES:
a) Combineer rozijnen en kokend water; gemakkelijk staan gedurende 15 minuten. Giet af en zet opzij.
b) Snijd korsten van brood. Snijd elke plak in 4 driehoeken; plaats in een enkele laag in een 13 x 9 x 3 ovenschaal. Giet ½ kopje melk over het brood en laat 5 minuten staan.
c) Leg de brooddriehoeken voorzichtig op de bodem van een quichevorm van 25 cm, bedekt met kookspray.
d) Werk af met appel en peer.
e) Doe de bloem in een kom en voeg geleidelijk de resterende melk toe, al roerend met een draadgarde tot het gemengd is.
f) Roer suiker, maïsmeel, citroenschil en eieren erdoor; goed roeren.
g) Giet het melkmengsel over appel en peer; top met rozijnen en druiven en bestrooi met rozemarijn.
h) Sprenkel olie over het mengsel; bestrooi met de resterende suiker.

i) Bak gedurende 50 minuten op 350F of tot het is uitgehard; afkoelen op een rooster. Snijd in partjes.

64. Vruchtentaartjes voor de feestdagen

Maakt: 10 porties

INGREDIËNTEN:
- 3 kopjes Gewone magere yoghurt
- Bak spray
- 1¾ kopjes Gewone haver, ongekookt
- ¼ kopje Stevig verpakte bruine suiker
- 2 eetlepels Bloem voor alle doeleinden
- ½ kopje Frambozen Smeerbaar Fruit
- 6 eetlepels Margarine, gesmolten
- 12 ons magere roomkaas, verzacht
- 6 eetlepels Suiker
- 1½ eetlepels Geraspte citroenschil
- 1½ eetlepels Citroensap
- 2 kopjes Bevroren frambozen, ontdooid en uitgelekt

INSTRUCTIES:
a) Doe yoghurt in een met koffiefilter beklede vergiet; leg het op een kom en dek het af met plastic folie. Koel en laat 12 uur uitlekken.
b) Verwarm de oven voor op 350'F; spuit tien 4½ "taartvormpjes met PAM. In een kom van een keukenmachine verwerk je haver, bruine suiker en bloem tot ze fijngemalen zijn.
c) Margarine toevoegen; proces tot gecombineerd. Doe 3 eetlepels havermengsel in elke taartvorm; druk gelijkmatig op de bodem en ½ "bovenkanten. Plaats taartvormpjes op een jelly roll-vel; bak gedurende 15-17 minuten of tot ze goudbruin zijn. Laat volledig afkoelen op roosters.
d) Klop in een kom roomkaas tot een gladde massa. Roer de uitgelekte yoghurt, suiker, citroenschil en sap erdoor. Schep gelijkmatig in voorbereide korstjes. Werk af met 2 eetlepels fruitsaus, dek af en zet minstens 3 uur in de koelkast.
e) FRUITSAUS: Roer al het fruit in een middelgrote pan op laag vuur tot een gladde massa; fruit erdoor roeren.

65. Vruchtentaart regenboog

Maakt: 8 porties

INGREDIËNTEN:
- ½ Portie van zoet deeg voor taarten en taarten

WITTE CHOCOLADE VULLING
- ⅔ kopje Heavy cream
- 10 ons witte chocolade
- 1 eetl Kirsch of witte rum

AFWERKING
- 1 pint Aardbeien
- 2 Kiwi's
- ½ pint Frambozen
- Geroosterde gesneden amandelen of gehakt
- Pistaches
- Banketbakkerssuiker

INSTRUCTIES:
a) Verwarm voor de taartbodem de oven voor op 350 graden en plaats een rek op het middelste niveau. Beboter de taartvorm. Rol het deeg op een met bloem bestoven oppervlak en bekleed er een 9-inch taartvorm mee. Prik het deeg helemaal door met de tanden van een vork en bekleed het met een stuk perkament of vetvrij papier.
b) Vul met droge bonen. Bak de taartbodem ongeveer 20 tot 30 minuten, tot hij droog en diep goudbruin is. Koel de taartbodem af op een rooster.
c) Breng voor de chocoladevulling de room aan de kook in een middelgrote pan op laag vuur.
d) Haal van het vuur en voeg de chocolade in één keer toe. Schud de pan zodat alle chocolade onder water staat en laat 3 minuten staan om de chocolade te laten smelten.
e) Voeg likeur toe en klop glad. Giet de vulling in een kom en zet hem in de koelkast tot hij dik maar niet hard is, ongeveer 20 minuten, af en toe roeren terwijl hij afkoelt.

f) Klop de vulling lichtjes om het glad genoeg te maken om te verspreiden.
g) Verdeel de vulling gelijkmatig over de afgekoelde taartvorm.
h) Schik de vruchten in concentrische rijen op de chocoladevulling en druk ze lichtjes aan.
i) Om de taart uit de vorm te halen, plaatst u de taartvorm op een groot blik of bus en laat u de pankant wegvallen.
j) Schuif de taart van de bodem van de pan op een groot bord met platte bodem.
k) Vlak voor het opdienen de taart met de amandelen of pistachenoten bestrooien en met de banketbakkerssuiker bestrooien.

66. Vruchtentaart met vanilleroom

Maakt: 12 porties

INGREDIËNTEN:
- ¾ kopje Boter of margarine -- Verzacht
- ½ kopje Banketbakkerssuiker
- 1½ kopje Bloem voor alle doeleinden
- 10 ons Pakketje vanillechips, gesmolten en gekoeld
- ¼ kopje Slagroom
- 8 ons Pakje roomkaas, verzacht
- 1 halve liter verse aardbeien, in plakjes
- 1 kopje Verse bosbessen
- 1 kopje Verse frambozen
- ½ kopje Ananas SAP
- ¼ kopje Suiker
- 1 eetl Maïszetmeel
- ½ theelepel Citroensap

INSTRUCTIES:
a) In een kom roomboter en banketbakkerssuiker. Klop de bloem erdoor.
b) Pat in de bodem van een ingevette 12-inch pizza pan.
c) Bak op 300 gedurende 25-28 minuten of tot ze lichtbruin zijn.
d) Koel. Klop in een andere kom gesmolten chips en room.
e) Roomkaas toevoegen; slaan tot dat het glad is. Verspreid over de korst. Koel gedurende 30 minuten.
f) Verdeel de bessen over de vulling. Combineer ananassap, suiker, maizena en citroensap in een pan; breng aan de kook op middelhoog vuur.
g) Kook gedurende 2 minuten of tot het ingedikt is, onder voortdurend roeren.
h) Koel; borstel over fruit. Koel 1 uur voor het opdienen. Bewaar in de koelkast.

67. Vruchtentaart Parisienne

Maakt: 6 Porties

INGREDIËNTEN:
- 10 ounce pakket bevroren pasteitjes
- Suiker
- 1 kopje Melk
- 1 kopje Heavy cream
- 4 ounce pakket zachte dessertmix met vanillesmaak
- 2 bananen
- 2 eetlepels Citroensap
- ⅓ kopje Abrikozenconserven
- 2 kopjes Pitloze groene druiven, gewassen
- 8¼ ons gesneden ananas, uitgelekt.

INSTRUCTIES:
a) Haal de pasteitjes uit de verpakking. Ontdooi bij kamertemperatuur gedurende een half uur.
b) Leg de rondjes deeg, enigszins overlappend, in de lengte op een licht met bloem bestoven oppervlak. Rol uit tot een rechthoek van 16 x 4 inch.
c) Plaats op een niet-ingevette grote bakplaat; randen gelijkmatig bijsnijden; goed inprikken met een vork; 30 minuten afkoelen.
d) Rol afsnijdsels dun opnieuw; snijd in ⅓-inch brede stroken van ongeveer 4 inch lang; borstel met water; druk de uiteinden tegen elkaar om ringen te maken.
e) Borstel ringen met water en dompel ze vervolgens in suiker; plaats op de bakplaat samen met de rechthoek van het deeg.
f) Bak het deeg en de deegring in de oven op 400 graden gedurende 10 minuten. reserve ringen voor decoratie.
g) Bak de deegrechthoek 10 minuten langer, of tot ze goudbruin zijn.
h) Verwijder twee roosters; koel.
i) Combineer melk, ¼ kopje room en dessertmix in een kleine diepe kom; verslaan, volgens de instructies op het label . Koel gedurende 15 minuten.

j) Bananen schillen en in plakken van ¼ cm dik snijden. Besprenkel met de helft van het citroensap.
k) Verdeel het deeg in twee lagen.
l) Leg de onderste laag op een lange serveerschaal of plank; besmeer met ongeveer ⅔ van het zachte dessert; schik plakjes banaan op lange zijranden; besmeer met de resterende dessertmix.
m) Bedek met een tweede deeglaag.
n) Verwarm abrikozenconfituur met het resterende citroensap tot het gesmolten is in een pan; enigszins afkoelen. Borstel over de taart.
o) Klop de resterende room stijf in een kom.
p) Klop of smeer slagroom over de bovenkant van het deeg.
q) Schik nette rijen druiven in room, beginnend bij de buitenranden.
r) Snij de ananasschijfjes doormidden en leg ze in het midden.
s) Garneer met gereserveerde deegringen.

68. Premier taart van wit fruit

Maakt: 1 portie

INGREDIËNTEN:
- Gebak voor eenkorst; 9-inch taart
- ⅓ kopje Kristalsuiker
- ¼ kopje Bloem voor alle doeleinden
- 3 Eidooiers
- 1 kopje Melk
- 6 ounce pakket witte bakrepen, gehakt
- 1 theelepel Vanille-extract
- ¼ kopje Abrikozenjam; opgewarmd
- 2 Kiwi's; geschild en in plakjes gesneden
- 1 kopje Frambozen
- Premier witte bladeren, optioneel

INSTRUCTIES:
a) Lijn 9-inch taartvorm met gebak; randen bijsnijden.
b) Prik het deeg in met een vork. Bak in een voorverwarmde oven van 425 graden F gedurende 10 tot 12 minuten tot de korst lichtbruin is. Koel af tot kamertemperatuur.
c) Combineer suiker en bloem in een pan; roer de eidooiers en de melk erdoor.
d) Kook op middelhoog vuur, onder voortdurend roeren tot het mengsel kookt.
e) Verminder hitte. Laat onder voortdurend roeren 3 minuten sudderen tot het mengsel ingedikt en glad is. Haal van het vuur.
f) Voeg bakrepen en vanille toe; roer tot een gladde massa.
g) Druk plastic folie direct op het oppervlak van de vulling; helemaal afkoelen.
h) Haal de taartvorm uit de pan. Borstel jam over de bodem; gemakkelijk staan voor 5 minuten.
i) Besmeer met vulling. Schik fruit erop. Koel. Garneer eventueel met Premier White Leaves.

GROENTENTAART

69. Alpenaardappeltaart

Maakt: 10 porties

INGREDIËNTEN:
- 7 grote Idaho-aardappelen
- 3 kopjes Zwitserse kaas, versnipperd
- 3 kopjes slagroom
- 3 theelepels Knoflook, gehakt
- 1 eetlepel Zout
- 2 theelepels Zwarte peper, vers gekraakt
- 1 eetlepel Verse tijmblaadjes, gehakt
- 1 theelepel Boter, verzacht
- Verwarm de oven voor op 300 graden F.

INSTRUCTIES:
a) Schil de aardappelen en snijd ze in plakjes van ongeveer ⅛-inch dik. Opzij zetten.

b) Meng in een kom de aardappelschijfjes, de helft van de geraspte kaas en de room, knoflook, zout, peper en tijm. Meng tot goed gemengd.

c) Vet een 9-inch vierkante taartvorm of ovenschaal in met de zachte boter op de bodem en zijkanten. Doe het aardappelmengsel op de bodem van de pan en druk stevig aan terwijl je toevoegt. Als het mengsel helemaal in de pan zit, zorg dan dat het stevig is aangedrukt. Bestrooi met de resterende helft van de kaas.

d) Bak in de voorverwarmde oven tot de bovenkant goudbruin is, ongeveer 1½ uur. Haal de aardappelen uit de oven en laat ze 15 minuten rusten voordat je ze aansnijdt. Snijd in vierkanten van 2 tot 3 inch.

70. Artisjok taart

Maakt: 8 porties

INGREDIËNTEN:
- 1 blindgebakken taartbodem in een 10 fluit; D
- 1 taartvorm
- 2 eetlepels olijfolie
- 1 ons pancetta; julienne
- ½ kopje gehakte ui
- 2 eetlepels fijngehakte sjalotten
- 6-ounce julienned artisjokharten
- 1 eetlepel gehakte knoflook
- ¼ kopje slagroom
- 3 eetlepels chiffonade van verse basilicum
- 1 sap van een citroen
- ½ kopje geraspte Parmigiano-Reggiano-kaas
- ½ kopje geraspte Asiago-kaas
- 1 zout; twee sleutels
- 1 versgemalen zwarte peper; twee sleutels
- 1 kopje gekruide tomatensaus; warm
- 1 eetlepel chiffonadebasilicum
- 2 eetlepels geraspte Parmezaanse kaas

INSTRUCTIES:
a) Verwarm de oven voor op 350 graden.
b) Verhit de olijfolie in een sauteerpan.
c) Bak de pancetta 1 minuut.
d) Voeg de uien en sjalotten toe en fruit 2 tot 3 minuten.
e) Voeg de hartjes en knoflook toe en bak nog 2 minuten mee.
f) Voeg de room toe. Kruid met peper en zout. Roer de basilicum en het citroensap erdoor.
g) Haal van het vuur en laat afkoelen. Verdeel het artisjokmengsel over de bodem van de taartvorm. Strooi de kaas over het mengsel.

h) Bak 15 tot 20 minuten of tot de kazen gesmolten en goudbruin zijn. Schep een plasje saus in het midden van het bord. Leg een plakje taart in het midden van de saus.
i) Garneer met geraspte kaas en basilicum.

71. **Pompoentaart Cheesecake Taart**

Maakt: 1

INGREDIËNTEN:
DE KORST
- ¾ kopje amandelmeel
- ½ kopje lijnzaadmaaltijd
- ¼ kopje boter
- 1 theelepel Pumpkin Pie Spice
- 25 druppels Vloeibare Stevia

DE VULLING
a) 6 ons veganistische roomkaas
b) ⅓ kopje Pompoenpuree
c) 2 eetlepels zure room
d) ¼ kopje Veganistische zware room
e) 3 Eetlepels Boter
f) ¼ theelepel Pumpkin Pie Spice
g) 25 druppels Vloeibare Stevia

INSTRUCTIES:
a) Combineer alle korsten droge ingrediënten en staar grondig.
b) Pureer de droge ingrediënten met de boter en vloeibare stevia tot er een deeg ontstaat.
c) Rol voor je mini-taartvormpjes het deeg in kleine bolletjes.
d) Druk het deeg tegen de zijkant van de taartvorm totdat het de zijkanten bereikt en omhoog gaat.
e) Combineer alle ingrediënten voor de vulling in een kom.
f) Mix de ingrediënten voor de vulling met een staafmixer.
g) Als de ingrediënten voor de vulling glad zijn, verdeel ze dan over de korst en laat afkoelen .
h) Haal uit de koelkast, snij in plakjes en garneer eventueel met slagroom.

72. Geroosterde groentetaartjes

Maakt: 1 portie

INGREDIËNTEN:
- 450 gram Aardappelen; geschild, geraspt,
- 1 groot Pastinaak; geschild en geraspt
- 50 gram gewone bloem
- Zout en versgemalen peper
- 3 L5ml plantaardige olie
- 2 pepers; ontpit en grof gehakt
- 1 Courgette; in stukjes gesneden
- 2 Teentjes knoflook; verpletterd
- 1 Rode ui; in stukjes gesneden
- 2 125 g aardappelen; goed geschrobd
- 25 gram Vegetarische Pecorino; vlokken

INSTRUCTIES:
a) Verwarm de oven voor op 220ØC/425ØF/gasstand 7
b) Meng de geraspte aardappel, pastinaak en bloem; breng op smaak met zout en peper en bind samen met 2 lepels van 15 ml / 2 eetlepels olie.
c) Verdeel in 4 hoopjes op een goed ingevette bakplaat en vorm in nesten van 10 cm / 4 inch met de randen iets omhoog. Dek af met vershoudfolie en zet 30 minuten in de koelkast.
d) Meng ondertussen de paprika, courgette, knoflook en ui. Snijd de aardappelen in de lengte in gelijke partjes en voeg ze toe aan de andere groenten.
e) Hussel de groenten in de resterende olie met zout en peper en rooster ze 20 minuten in de oven.
f) Draai de groenten om. Haal het deksel van de taartjes en plaats ze in de oven op een apart vel, kook nog 20 minuten verder.
g) Verdeel de taartjes over serveerschalen en schep de geroosterde groenten erin.
h) Bestrooi met stukjes pecorinokaas en serveer direct.

73. Briochetaartje van geroosterde groenten en geitenkaas

Maakt: 8 porties

INGREDIËNTEN:
- ½ oz verse gist
- 3 ½ ons Warm water
- 8 oz Sterk gewoon wit meel
- 1 ons suiker
- 2 eieren
- 4 oz Ongezouten boter
- 1 kleine Aubergine
- 1 medium Courgette
- 2 eetlepels Olijfolie
- 15 g pakje verse tijm
- 2 Teentjes knoflook; dik gesneden
- 1 rode peper
- 3 ½ oz geitenkaas; gesneden
- Zout en versgemalen zwarte peper

INSTRUCTIES:
a) Verwarm de oven voor op 400 F.
b) Meng de gist met warm water, voeg 4 eetlepels bloem toe, dek de kom af met huishoudfolie en laat 10-15 minuten op een warme plaats staan.
c) Doe de resterende bloem in een kom.
d) Voeg de suiker, eieren, het gistmengsel en een snufje zout toe. Klop goed gedurende 5 minuten.
e) Dek de kom af met huishoudfolie en laat het deeg 30 minuten op een warme plaats staan, of tot het deeg in volume is verdubbeld.
f) Snijd de aubergine en courgette in de lengte door.
g) Leg deze op een bakplaat en bestrijk ze met olijfolie. Strooi er 1 teentje knoflook en wat tijm over. Bak gedurende 10 minuten.
h) Leg de rode peper op een aparte schaal, bestrijk met olijfolie en bestrooi met knoflook en tijm. Bak 20 minuten in de oven tot ze zacht zijn. Als het afgekoeld is, verwijder je de huid.

i) Als het briochedeeg in omvang is verdubbeld, doe je de kom terug in de mixer en klop je geleidelijk de zachte boter erdoor. Dek de kom weer af met vershoudfolie en zet de kom nog 30 minuten op een warme plaats.

j) Als de brioche in omvang verdubbeld is, haal je hem na ongeveer 30-40 minuten uit de kom. Bestuif het werkblad licht met bloem en rol het deeg uit tot een dikte van ¾ inch en leg het deeg op de bodem van een bakvorm met antiaanbaklaag.

k) Schik de geitenkaas en geroosterde groenten bovenop het deeg en laat ¾ inch rond de buitenrand. Bestrooi met verse tijm en breng op smaak met zout en versgemalen zwarte peper.

l) Bak in de oven in 35 minuten goudbruin.

m) Haal uit de vorm en bestrijk met de resterende olijfolie.

74. Hartige groentetaart

Maakt: 6 Porties

INGREDIËNTEN:
GEBAK KORST
- 2 kopjes Ongebleekt wit meel
- ⅓ kopje Volkoren meel
- ½ theelepel Zout
- ½ kopje Plantaardige olie
- 4 eetlepels Magere of magere melk; indien nodig, maximaal 5
- 4 theelepels Olijfolie
- 2 grote Uien; gesneden
- ½ theelepel Zout
- ¼ theelepel Vers gemalen zwarte peper
- 2 mediums Courgette; dun gesneden
- 3 Trostomaten; dun gesneden

INSTRUCTIES:
a) Verwarm de oven voor op 400 F. Meng in een kom zowel bloem als zout.

b) Voeg geleidelijk olie toe en meng het mengsel met een vork tot het kruimelig is. Roer met een vork en voeg zoveel melk toe tot het mengsel een bal vormt. Vorm tot een kleine schijf.

c) Rol het deeg uit tussen twee vellen vetvrij papier tot een ronde van 12 inch van ongeveer ¼ inch dik.

d) Verwijder het bovenste vel papier en keer het deeg, zonder uit te rekken, om in een 9-inch ronde taartvorm met verwijderbare bodem.

e) Trek voorzichtig het bovenste stuk vetvrij papier eraf. Leg het deeg langs de bodem en zijkanten van de taartvorm en snijd de randen bij.

f) Bekleed de korst losjes met folie en vul deze met gedroogde bonen of taartgewichten.

g) Bak gedurende 15 minuten. Verwijder folie en bonen en bak tot ze goudbruin zijn, nog ongeveer 15 minuten. Breng over naar een rooster en laat afkoelen. Verlaag de oventemperatuur tot 375 F.

h) Verhit olie in een grote koekenpan op middelhoog vuur.
i) Voeg uien toe en kook, af en toe roerend, tot ze goudbruin zijn, 15 tot 20 minuten.
j) Breng over naar de korst en verdeel gelijkmatig. Breng op smaak met wat zout en peper.
k) Voeg courgette toe aan de koekenpan en kook tot ze licht goudbruin is, ongeveer 2 minuten per kant.
l) Schik courgette en plakjes tomaat in afwisselende cirkels bovenop uien, bestrooi met de resterende zout en peper. Bak tot de tomaten zacht worden, ongeveer 25 minuten. Serveer warm, of breng over naar een rooster om af te koelen, en zet dan in de koelkast tot het klaar is om te serveren.

75. Vlaai van groenten

Maakt: 1 portie

INGREDIËNTEN:
- ¼ pond Assortiment wilde en exotische paddenstoelen p
- 5 plakjes rode uien
- 5 plakjes Aubergine
- 10 plakjes Courgette
- 10 plakjes Gele pompoen
- ¼ kopje Olijfolie
- Zout en versgemalen zwarte peper naar smaak
- 4 groot Eidooiers
- 2 kopjes Heavy cream
- ½ kopje Vers geraspte Parmigiano-Reggiano kaas
- 1 eetl Gehakte verse peterselieblaadjes
- 1 streepje Worcestershire saus
- 1 scheutje Hete saus
- ½ Basis Taartdeeg; uitgerold

INSTRUCTIES:
a) Verwarm de oven voor op 400 graden.
b) Doe de champignons en groenten in een kom, voeg de olijfolie toe en breng op smaak met zout en peper. Gooi twee jassen.
c) Verdeel de groenten gelijkmatig over een grote bakplaat en rooster ze in ongeveer 20 minuten licht goudbruin.
d) Haal uit de oven en laat afkoelen.
e) Verlaag de oventemperatuur tot 350 graden.
f) Combineer in een andere kom de eierdooiers en slagroom en klop goed. Voeg de kaas, peterselie, Worcestershire en hete saus toe en breng op smaak met zout en peper.
g) Klop om te mengen.
h) Bekleed een 10-inch diepe taartvorm met de taartbodem en plooi de randen.
i) Laag de aubergine, dan de pompoen, courgette, champignons en uien in de bodem van de pan.
j) Giet het eimengsel gelijkmatig over de bovenkant.

k) Bak tot het midden stevig is en de bovenkant goudbruin is, ongeveer 50 minuten.

l) Haal uit de oven en laat 5 minuten afkoelen voordat je hem aansnijdt om te serveren.

KAAS TAARTJES

76. Elzasser kaastaart

Maakt: 10 porties

INGREDIËNTEN:
- 4 kopjes cakemeel
- ⅝ kopje Suiker
- 2½ stokjes zoete boter
- 1 heel ei
- 16 ons Ricotta-kaas
- ¾ kopje slagroom
- 4 grote eieren, gescheiden
- scheutje Vers citroensap
- snufje Verse vanillezaadjes OF
- 2 druppels tot 3 druppels vanille-extract
- 2 eetlepels kirsch
- ¾ kopje tot 1 kopje suiker
- ½ theelepel gemalen kaneel
- 1 theelepel vanille-extract
- Geraspte schil van ½ citroen

INSTRUCTIES:
a) Meng alle ingrediënten goed, zonder het deeg te overdrijven. Laat het deeg 30 minuten rusten voor gebruik.
b) Verwarm de oven voor op 375F. Rol het deeg uit op een met bloem bestoven oppervlak en bekleed de bodem en zijkanten van een 9-inch tot 10-inch taart- / taartvorm met het deeg.
c) Klop ricotta en room samen in een kom; voeg eidooiers, suiker, kaneel, vanille, kirsch en citroenschil toe. Meng grondig tot zeer glad.
d) Klop de eiwitten stijf en spatel ze voorzichtig door het beslag.
e) Giet het beslag in de met deeg beklede bakvorm.
f) Bak gedurende 40 tot 45 minuten, of tot licht gepoft en zeer bruin. Laat de taart volledig afkoelen en laat hem enkele uren afkoelen voordat u hem aansnijdt.

77. Amaretto cheesecake taartjes

Maakt: 24 porties

INGREDIËNTEN:
- ⅓ kopje Zonnebloempitten of amandelen fijn gemalen
- 8 ons roomkaas
- 1 ei
- ⅓ kopje Ongezoete geraspte kokosnoot
- 2 eetlepels Honing
- 2 eetlepels Amaretto-likeur

INSTRUCTIES:
a) Bekleed de kopjes van twee muffinvormpjes met papieren vormpjes.
b) Combineer zonnebloempitten en kokos.
c) Doe 1 theelepel van dit mengsel in elke voering.
d) Druk met de achterkant van een lepel naar beneden om de bodems te bedekken.
e) Verwarm de oven voor op 325F.
f) Snijd voor de vulling de roomkaas in 8 blokjes en mix met ei, honing en Amaretto in een keukenmachine, blender of kom tot een gladde en romige massa.
g) Doe een eetlepel van de vulling in elk taartvormpje en bak gedurende 15 minuten

78. Belgische kaastaart

Maakt: 8 porties

INGREDIËNTEN:
- Zandkoek
- ½ pond roomkaas
- 3 eetlepels Banketbakkerssuiker
- 1 theelepel Citroensap
- 2 eieren; Groot
- ⅔ kopje Heavy cream

INSTRUCTIES:
a) Verwarm de oven voor op 350 graden F. Klop in een kom de kaas, suiker en citroensap tot het mengsel licht en luchtig is. Voeg de eieren toe, een voor een goed kloppend na elke toevoeging. Klop tot zeer glad na de laatste toevoeging.
b) Roer de room erdoor en giet het mengsel in de voorbereide korst.
c) Bestrijk de bovenkant van de taart met een ei en samengeklopte banketbakkerssuiker.
d) Bak gedurende 25 minuten of tot het gestold is. Koel af tot kamertemperatuur en laat afkoelen voor het opdienen.

79. Paprika en kaastaart

Maakt: 6 Porties

INGREDIËNTEN:
- 1½ kopje Bloem voor alle doeleinden
- 1 theelepel Suiker
- ¼ theelepel Zout
- ½ kopje gekoelde ongezouten boter, in stukjes gesneden
- 4 eetlepels ijswater
- 10 Asperges, bijgesneden en in stukjes van 1 inch gesneden
- 3 eetlepels Olijfolie
- 2 Rode paprika's, in lucifergrote reepjes gesneden
- 2 Groene paprika's, in lucifergrote reepjes gesneden
- 2 kleintjes Prei, in lucifergrote reepjes gesneden
- 1 kopje Geraspte Gruyère kaas
- 1 kopje Geraspte mozzarellakaas

INSTRUCTIES:
VOOR DE KORST:
a) Meng bloem, suiker en zout in een keukenmachine.
b) Voeg boter toe en snij in met behulp van aan/uit toeren tot het mengsel lijkt op een grove maaltijd.
c) Meng voldoende water door de eetlepel totdat het deeg begint samen te klonteren.
d) Verzamel het deeg tot een bal; maak het plat tot een schijf.
e) Wikkel in plastic en zet 1 uur in de koelkast.
f) Verwarm de oven voor op 350'F.
g) Vet een taartvorm met een diameter van 9 inch en een verwijderbare bodem in.
h) Rol het deeg uit op een licht met bloem bestoven werkvlak tot een ronde lap van ⅛-inch dik. Breng het deeg over in de voorbereide taartvorm. Randen bijsnijden.
i) Bevries gedurende 15 minuten. Bekleed de korst met folie. Vul met gedroogde bonen. Bak gedurende 15 minuten.
j) Verwijder folie en bonen.

k) Bak tot ze licht goudbruin zijn aan de randen, ongeveer 15 minuten.
VOOR DE VULLING:
l) Breng een grote pan water aan de kook. Voeg de asperges toe en blancheer 2 minuten. Droogleggen. Breng over naar een kom met ijswater en laat afkoelen.
m) Droogleggen. Verhit olie in een zware grote koekenpan op hoog vuur. Voeg paprika en prei toe en bak tot ze zacht zijn, ongeveer 10 minuten.
n) Doe over in een kom. Meng de asperges erdoor.
o) Verwarm de oven voor op 350'F. Meng Gruyère door groenten.
p) Breng het mengsel over op de korst.
q) Bestrooi met mozzarellakaas. Bak de taart tot de kaas smelt, ongeveer 10 minuten. Heet opdienen.

80. Ontbijt kaastaart

Maakt: 1 portie

INGREDIËNTEN:
- Gebak voor 9-inch taart; Gebruik Basic Pie Crust
- 8 ons Zwitserse of Jarlsberg-kaas; in stukjes gesneden
- 1 pond Ricotta kaas
- 3 Eieren
- 1 medium Ui; fijngehakt
- 2 Teentjes knoflook; ingedrukt
- ½ theelepel witte peper
- 2 mediums Matige rijpe tomaten; geschild en in dunne plakjes gesneden
- 1 theelepel Extra vergine olijfolie
- 1 eetl Vers geknipte bieslook
- 1 eetl Gehakte peterselie
- 1 theelepel Gehakte verse tijm;
- 1 theelepel Gehakte verse basilicum;

INSTRUCTIES:
a) Verwarm de oven voor op 450 graden. Gebruik een 9-inch bij 1-inch taartvorm met verwijderbare bodem. Goed inspuiten met kookspray of royaal invetten.
b) Druk het deeg aan zodat het in de vorm past. Snijd glad ongeveer 2,5 cm voorbij de rand van de pan, vouw dan terug over de rand en krimp om een aantrekkelijke en stevige geribbelde rand te maken. Bekleed de pan met aluminiumfolie die je aan beide kanten hebt bespoten met kookspray en plaats dan een glazen taartvorm van 8 of 9 inch in de folie.
c) Leg het geheel ondersteboven op de bakplaat en bak 9 minuten. Haal de pan uit de oven, draai hem om en verwijder de taartplaat en folie.
d) Keer terug naar de oven en bak 5 minuten langer. Haal van bovenaf en zet opzij. Verlaag de oventemperatuur tot 350 graden. Combineer Jarlsberg, ricotta, eieren, ui, knoflook en peper in een blender of werkkom van een keukenmachine.

e) Roer tot een glad en goed gemengd mengsel. Giet gelijkmatig in de gebakken schaal, plaats de pan op de bakplaat. Bak gedurende 25 tot 30 minuten tot de vulling gedeeltelijk is uitgehard. Laat ondertussen de plakjes tomaat uitlekken op keukenpapier. Haal de taart uit de oven.

f) Leg de plakjes tomaat er bovenop langs de rand. Keer terug naar de oven en bak gedurende 30 tot 35 minuten, totdat het in het midden gestoken mes er schoon uitkomt. Bestrijk de tomaten met olijfolie en bestrooi met verse kruiden. Gemakkelijk staand 20 minuten. Verwijder de zijkanten van de taartvorm door de verwijderbare bodem omhoog te drukken.

g) Leg op een rond bord, garneer met verse kruiden en serveer.

81. Romige knoflook- en kaastaart

Maakt: 8 porties

INGREDIËNTEN:
- 1 Gekoelde taartbodem
- 1 theelepel fluoride
- 3 ons roomkaas, verzacht
- 6 ½ oz pakket knoflook en kruiden Romige smeerbare kaas
- 2 eetlepels Boter
- 3 Eieren
- ¼ theelepel Tijm
- ¼ theelepel Gemalen rode peper
- ½ kopje Melk of slagroom

INSTRUCTIES:
a) Verwarm de oven voor op 375F.
b) Bekleed de taartvorm met korst; bestuif lichtjes met bloem.
c) Klop kazen en boter tot een gladde massa. Voeg eieren, tijm en rode peper toe; klop tot licht en romig. Klop de melk erdoor tot het gemengd is. Giet in de taartvorm.
d) Bak, in het onderste derde deel van de oven, ongeveer 30 minuten tot het licht en gezwollen is en een mes schoon is. Als het te snel bruin wordt, bedek het dan de laatste 10 minuten met folie.
e) Leg op een rooster en laat afkoelen tot kamertemperatuur.

82. Curry en chutney kaastaart

Maakt: 24 porties

INGREDIËNTEN:
- 16 ons roomkaas
- 2 theelepels kerrie poeder
- 2 eetlepels Sherry
- 8 ons Cheddar kaas; versnipperd
- 4 Lente-ui; dun gesneden
- 9 ons Pot chutney

INSTRUCTIES:
a) Plaats onverpakte pakjes roomkaas in een maatbeker van 2 liter.
b) Magnetron op medium gedurende 2½ minuut.
c) Meng kerriepoeder en sherry erdoor. Vouw Cheddar en ¾ ui in; Meng goed.
d) Schep het mengsel op een serveerschaal in een cirkel van 20 cm.
e) Gebruik een spatel om een taartvorm te vormen, bouw de zijkanten op terwijl de bovenkant inspringt.
f) Doe de chutney in de blender en pureer tot een homogeen mengsel.
g) Giet in het ingesprongen gedeelte van de kaastaart. Koel tot het stevig is.
h) Garneer de bovenkant met de resterende ui om te serveren.

83. Franse kaastaart

Maakt: 12 porties

INGREDIËNTEN:
- 2 kopjes Bloem voor alle doeleinden; niet gezeefd
- ¼ theelepel Zout
- ½ theelepel Bakpoeder
- ⅔ kopje Boter of margarine
- ⅓ kopje Kristalsuiker
- 2 Eidooiers
- 2 eetlepels Heavy cream
- ½ theelepel Geraspte citroenschil
- 4 eetlepels Boter of margarine
- ⅔ kopje Kristalsuiker
- 2 kopjes Droge kwark
- 1 Eigeel
- ¼ kopje Heavy cream
- ⅓ kopje gouden rozijnen
- ½ theelepel Geraspte citroenschil
- 1 Eiwit; licht geslagen
- Banketbakkerssuiker

INSTRUCTIES:
a) Zeef bloem, zout en bakpoeder in een kom.
b) Snijd met een deegblender boter in tot het mengsel op grove kruimels lijkt.
c) Voeg ⅓ kopje kristalsuiker, 2 eidooiers, 2 eetlepels slagroom en ½ theelepel citroenschil toe; meng met een vork tot het deeg bij elkaar blijft.
d) Draai op een licht met bloem bestoven oppervlak; kneed tot een gladde massa, ongeveer 2 minuten.
e) Vorm tot een bal; wikkel in vetvrij papier. Zet het deeg 30 minuten in de koelkast. Kaas maken
VULLING:

f) Klop in een kom met een elektrische mixer op hoge snelheid boter, kristalsuiker en kwark tot ze goed gecombineerd zijn, ongeveer 3 minuten.

g) Voeg eidooiers en room toe; goed kloppen. Roer de rozijnen en de citroenschil erdoor. Verwarm de oven voor op 350 F.

h) Licht invetten een 13x9x2 "bakvorm. Verdeel het deeg doormidden.

i) Rol op een licht met bloem bestoven oppervlak de helft van het deeg uit tot een rechthoek van 30 x 25 cm.

j) Past op de bodem van de voorbereide pan. Giet in de vulling en verdeel gelijkmatig.

k) Verdeel het resterende deeg doormidden. Snijd een helft in 5 gelijke stukken.

l) Rol elk stuk op een bord in een potloodachtige strook van 30 cm lang.

m) Schik deze stroken in de lengte, 1½ "uit elkaar bij het vullen.

n) Maak met het resterende deeg voldoende reepjes om diagonaal te passen, 1 ½ inch uit elkaar, over de lengtestroken.

o) Bestrijk de bladerdeegreepjes met eiwit.

p) Bak gedurende 40 minuten of tot ze goudbruin zijn. Gemakkelijk staan voor 5 minuten.

q) Bestrooi vervolgens met banketbakkerssuiker en snijd in vierkanten van 3 inch. Serveer warm.

84. Taartje van geitenkaas en spinazie

Maakt: 8 porties

INGREDIËNTEN:
- ½ kopje gesnipperde ui
- 1 eetl olijfolie
- 3 kopjes gesteelde en gewassen spinazie
- 5 eieren
- 1½ kopje verse geitenkaas
- 2 kopjes heavy cream
- 1 zout; twee sleutels
- 1 versgemalen witte peper; twee sleutels
- 1 negen-inch voorgebakken gewone taartschaal
- 2 eetlepels gehakte bieslook
- 2 eetlepels fijngesneden rode paprika

INSTRUCTIES:
a) Verwarm de oven voor op 350 graden. In een koekenpan kook ui in olie tot ze zacht zijn, 5 minuten; spinazie toevoegen, een handvol op een uur, al roerend.

b) Kook tot spinazie verwelkt, zijn vloeistof afgeeft en vloeistof verdampt.

c) Doe over in een kom om af te koelen. Klop in een andere kom eieren met geitenkaas goed door elkaar, voeg room toe en roer het gekoelde spinaziemengsel erdoor; breng op smaak met zout en peper. Vul de taartvorm. Bak gedurende 30 minuten, tot de vla stevig aan de zijkanten is gestold, maar nog een beetje vochtig in het midden.

d) Laat ongeveer 10 minuten afkoelen op een rooster voordat je in partjes snijdt. Serveer gegarneerd met geknipte bieslook en in blokjes gesneden rode paprika.

85. Gouden ananas-kaastaart

Maakt: 12 porties

INGREDIËNTEN:
- 2 kopjes Ongezeefd meel
- ¼ theelepel Zout
- ½ theelepel Bakpoeder
- ⅔ kopje Boter of margarine
- ⅓ kopje Suiker
- 2 Eidooiers
- 2 eetlepels Room
- ½ theelepel Geraspte citroenschil
- 8 ons Geplette ananas
- 4 eetlepels Boter of margarine
- ⅔ kopje Suiker
- 16 ons Roomkaas, verzacht
- 1 Eigeel
- ¼ kopje Heavy cream
- ½ kopje gouden rozijnen
- 1 theelepel Geraspte citroenschil

INSTRUCTIES:
GEBAKJE:
a) Zeef bloem, zout en bakpoeder in een kom.
b) Snijd met een deegblender in ⅔ kopje boter tot het mengsel op grove kruimels lijkt.
c) Voeg suiker, 2 eierdooiers, room en citroenschil toe.
d) Meng met de handen totdat het mengsel bij elkaar blijft. Meel en kneed ongeveer 2 minuten,
e) Zet het deeg 30 minuten op vetvrij papier in de koelkast.
f) Giet de ananas af en verwarm de oven voor op 350 graden F. Vet een 10-inch springvorm in.
g) Verwijder de zijkant van de pan.
VULLING:
h) Klop in een kom boter, suiker en roomkaas op hoge snelheid tot ze gemengd zijn.

i) Voeg eidooier en room toe. Roer de ananas, rozijnen en citroenschil erdoor. Opzij zetten.

j) Leg ¾ van het bladerdeeg op de bodem van de springvorm.

k) Rol het deeg uit zodat het in de vorm past. Bak 12 minuten of tot ze goudbruin zijn; koel. Vervang de zijkant van de veer uit de pan.

l) Giet de vulling in de pan - gelijkmatig verdelen.

m) Versier de bovenkant van de vulling met het overgebleven deeg.

n) Bak gedurende 40 minuten of tot ze goudbruin zijn. Koel gedurende 10 minuten. Bestrooi met banketbakkerssuiker. Serveer warm of op kamertemperatuur. Gekoeld bewaren.

86. Druiven geest krententaart met fontinakaas

Maakt: 8 porties

INGREDIËNTEN:
- ½ kopje Kokend water
- ¼ kopje Gedroogde krenten
- 6 plakjes Wit brood ¾ ounce per plak
- Plantaardige kookspray
- 1½ kopje Magere melk; verdeeld
- 1¼ kopjes In blokjes gesneden fontina-kaas 5 ons
- 1¼ kopjes Pitloze rode druiven; half
- 2 eetlepels Bloem voor alle doeleinden
- ⅓ kopje Suiker
- 2 eetlepels Geel maismeel
- 1 theelepel Geraspte citroenschil
- 3 Eiwitten; licht geslagen
- 1 Eieren; licht geslagen
- 1 theelepel Extra vergine olijfolie
- 1 eetl Suiker
- 2 theelepels Gehakte verse rozemarijn

INSTRUCTIES:
a) Verwarm de oven voor op 350 graden.
b) Combineer kokend water en krenten; gemakkelijk staan gedurende 15 minuten. Giet af en zet opzij. Snijd korsten van brood; gooi korstjes weg.
c) Snijd elke plak in 4 driehoeken; plaats driehoeken in een enkele laag in een 10-inch quichevorm bedekt met kookspray. Giet ½ kopje melk over het brood; gemakkelijk staan voor 5 minuten. Top met krenten, kaas en druiven.
d) Doe de bloem in een kom en voeg geleidelijk de resterende 1 kop melk toe, roer met een draadgarde tot het gemengd is.
e) Roer ⅓ kopje suiker, maïsmeel, citroenschil, eiwit en ei erdoor; giet over de taart. Sprenkel olie over de taart en besprenkel met 1 eetlepel suiker en rozemarijn.

f) Bak gedurende 45 minuten of tot het is gezet; koel eenvoudig af op een rooster

87. Kruidenkaastaartjes

Maakt: 24 porties

INGREDIËNTEN:
- ⅓ kopje Fijne droge broodkruimels of fijn gemalen zwieback
- 8 ons Pakje roomkaas, verzacht
- ¾ kopje Kwark in roomstijl
- ½ kopje Geraspte Zwitserse kaas
- 1 eetl Bloem voor alle doeleinden
- ¼ theelepel Gedroogde basilicum, geplet
- ⅛ theelepel Knoflook poeder
- 2 Eieren
- non-stick spray coating
- zuivel zure room
- gesneden of in plakjes gesneden ontpitte rijpe olijven, rode kaviaar
- geroosterde rode paprika

INSTRUCTIES:
a) Spuit voor de korst vierentwintig 1¾-inch muffinbekers met anti-aanbaklaag.
b) Strooi broodkruimels of gemalen zwieback op de bodem en zijkanten om te coaten.
c) Schud de pannen om overtollige kruimels te verwijderen. Opzij zetten.
d) Meng in een kleine mengkom roomkaas, kwark, Zwitserse kaas, bloem, basilicum en knoflookpoeder. Klop met een elektrische mixer op gemiddelde snelheid tot een luchtig geheel.
e) Eieren toevoegen; klop op lage snelheid totdat het gecombineerd is. Overdrijf niet.
f) Vul elke met kruimels beklede muffinbeker met 1 eetlepel van het kaasmengsel. Bak in een oven van 375 graden F gedurende 15 minuten of tot de middelpunten vast lijken te zijn.
g) Koel in pannen op roosters gedurende 10 minuten. Haal uit de pan.
h) Koel grondig op roosters.

i) Smeer de toppen met zure room om te serveren. Garneer met olijven, kaviaar, bieslook en/of uitgesneden rode peper en olijven. Voor: 24 taartjes.

j) Bak en koel taarten zoals aangegeven, behalve niet besmeren met zure room of bedekken met garnituur.

k) Dek af en zet maximaal 48 uur in de koelkast. Laat de taartjes 30 minuten op kamertemperatuur staan voordat je ze serveert.

l) Smeer met zure room en garneer zoals aangegeven.

88. Mediterrane kaastaart

Maakt: 12 porties

INGREDIËNTEN:
- 8 Vellen bevroren filodeeg; ontdooid
- ¼ kopje Boter; gesmolten
- ¼ kopje Parmezaanse kaas; geraspt
- ½ kopje Ui; gehakt
- 1 theelepel Verse rozemarijn; geknipt
- ¼ theelepel gedroogde rozemarijn, geplet)
- 1 eetl Olijfolie
- 5 ons Bevroren gehakte spinazie; ontdooid
- ⅓ kopje Geroosterde pijnboompitten of walnoten
- 1 Eieren
- 1 kopje Ricotta kaas
- ½ kopje Feta kaas; verkruimeld
- ¼ kopje Oliepak zongedroogde tomaten; gedraineerd
- ¼ theelepel Grofgemalen peper
- 1 eetl Parmezaanse kaas; geraspt

INSTRUCTIES:
a) Vouw filodeeg open; bedek het met plasticfolie of een vochtige handdoek om te voorkomen dat het uitdroogt.
b) Leg op een droog werkoppervlak een vel filodeeg; bestrijk met boter.
c) Bedek met een ander vel filodeeg, bestrijk met boter en bestrooi met 1 eetlepel Parmezaanse kaas.
d) Herhaal met de resterende filodeegvellen, boter en Parmezaanse kaas.
e) Knip de filodeeg met een keukenschaar in een cirkel van 25 cm.
f) Verdeel de filodeeg gelijkmatig in de voorbereide pan, plooi indien nodig en pas op dat u de filodeeg niet scheurt. Bedek de pan met een stoomdoek; opzij zetten.
g) Voor de vulling: kook uien en rozemarijn in olijfolie in een middelgrote pan tot de uien zacht zijn. Roer de spinazie en pijnboompitten erdoor.

h) Verspreid in de met filodeeg beklede springvorm. Opzij zetten.

i) Klop de eieren lichtjes los in een kom. Roer de ricotta, feta, tomaten en peper erdoor. Verdeel voorzichtig over het spinaziemengsel. Bestrooi met 1 eetlepel Parmezaanse kaas.

j) Zet de springvorm op een ondiep bakblik op het ovenrek. Bak in een 350 oven gedurende 35 tot 40 minuten of tot het midden bijna uitgehard lijkt wanneer het wordt geschud.

k) Koel de taart in springvorm 5 minuten op een rooster. Maak de zijkanten van de pan los. Koel nog 15 tot 30 minuten. Haal voor het serveren de zijkanten van de spring uit de pan. Serveer warm.

89. Citroen-kaastaartjes

Maakt: 1 portie

INGREDIËNTEN:
- ¼ kopje Citroensap
- Geraspte schil van 1 ½ citroen
- ½ kopje Plus 1 eetlepel suiker
- 2 eieren; het ritme
- ¼ kopje Boter of margarine -Cream Cheese Shells---
- ½ kopje Boter of margarine; verzacht
- 3 ons Pakket roomkaas; verzacht
- 1 kopje Bloem voor alle doeleinden
- Slagroom

INSTRUCTIES:
a) Combineer citroensap, schil en suiker bovenop een dubbele ketel; roer de eieren en boter erdoor.
b) Kook over kokend water, onder voortdurend roeren tot het ingedikt is.
c) Lepelvulling in roomkaasschelpen; garneer met slagroom.
d) Combineer boter en roomkaas, meng tot een gladde massa; voeg bloem toe, meng goed. Koel gedurende 1 uur.
e) Vorm het deeg in ballen van 1 inch; plaats ze elk in een goed ingevette miniatuurmuffinbeker en vorm ze tot een schaal.
f) Bak gedurende 25 minuten op 350 graden. Laat afkoelen voor het vullen.

90. Papaya-roomkaastaartje met macadamianoten

Maakt: 8 porties

INGREDIËNTEN:
- 2 kopjes Meel
- 6 ons koude ongezouten boterblokjes
- ¼ theelepel Zout
- ½ theelepel Suiker
- ⅓ kopje Koud water
- 12 ons Roomkaas
- 4 ons Volle slagroom
- ½ kopje Poedersuiker
- ½ theelepel Vanille-extract
- 1 Zeer rijpe papaya, geschild, in plakjes van ¼ "gesneden
- ½ kopje Perzik glazuur, gesmolten
- ½ kopje Macadamia noten, geroosterd
- 8 ons bittere chocolade
- 8 ons halfzoete chocolade
- 2½ kopjes Heavy cream
- 4 eetlepels Warm water

INSTRUCTIES:
a) Bereid de taartvorm voor - Zeef de bloem, het zout en de suiker samen. Bestrijk de boterblokjes met het bloemmengsel en water en kneed tot kneedbaar, maar niet homogeen.
b) Laat stukjes boter achter, anders wordt het deeg te elastisch. Rol het deeg voorzichtig uit tot een dikte van ¼ inch en leg het op een taartvorm. Snijd de randen bij en prik met een vork gaatjes in de bodem van het deeg. Bak in de oven op 350 graden F gedurende ongeveer tien minuten of tot de taartschaal lichtjes bruin wordt. Koel.
c) Bereid roomkaasvulling - Klop slagroom tot het zachte pieken vormt. Klop de roomkaas in een mixer tot het luchtig wordt. Spatel de slagroom, poedersuiker en vanille-extract erdoor.
d) Opzij zetten.
e) Vul de taartvorm met het roomkaasmengsel.

f) Schik de papaya-plakjes in een pinwheel-ontwerp over de roomkaas. Leg macadamianoten in het midden van de taart. Smeer met een deegborstel de bovenkant van de taart in met perzikglazuur. Zet een ½ uur in de koelkast voor het opdienen.

g) Chocoladesaus bereiden - Verhit bittere chocolade, halfzoete chocolade, slagroom en warm water in een pan, onder regelmatig roeren, tot de saus een gladde consistentie heeft.

h) Om te serveren-- Snij de taart in 8 stukken. Sprenkel de chocoladesaus op een bord en leg op elk bord een stuk van de taart.

91. Ricotta kaas en spinazie taart

Maakt: 6 Porties

INGREDIËNTEN:
- 14oz sterke gewone bloem
- 1 snufje Zout
- 1 pak Waitrose Verse basilicum en tijm, gehakt
- 3 eetlepels olijfolie
- 3 Eieren, de beat
- 250g pot Ricotta Kaas
- 500g pak diepvries bladspinazie
- Vers geraspte nootmuskaat
- 2 Eieren
- 1 ¾ ons Pijnboompitten, geroosterd
- 1 Citroen; pit van
- 3 ½ ons geraspte Parmezaanse kaas
- Zout en versgemalen zwarte peper
- Melk om te glaceren

INSTRUCTIES:
a) Zeef de bloem in een kom en voeg het zout en de kruiden toe.
b) Maak een kuiltje in het midden. Voeg de olie toe en voeg geleidelijk de eieren toe.
c) Mix tot een gladde massa, voeg eventueel wat water toe.
d) Kneed 10 minuten, wikkel het dan in vershoudfolie en leg het 30 minuten in de koelkast.
e) Combineer alle ingrediënten voor de vulling.
f) Rol tweederde van de pasta uit op een met bloem bestoven werkvlak en bekleed hiermee een vierkante bakvorm.
g) Schep de vulling in de pasta en strijk glad zodat de bodem bedekt is.
h) Rol de resterende pasta uit en bedek de bovenkant.
i) Maak de randen nat en sluit ze af met een beetje water.
j) Snijd overtollige pasta af en bestrijk met een beetje melk, prik in en plaats in het midden van een voorverwarmde oven.
k) Bak 25-30 minuten op 400ºF tot de bovenkant goudbruin is.

92. Kaastaart uit het zuidwesten

Maakt: 8 porties

INGREDIËNTEN:
- 1 eetl olie
- ½ kopje gehakte rode paprika
- ½ kopje gesnipperde ui
- 1 eetl gehakte knoflook
- 1 eetl fijngehakte jalapenopeper
- 4 eieren
- 2 kopjes heavy cream
- 2 kopjes jalapeno jack kaas
- 1 kopje geroosterde maïskorrels; plus
- 1 extra geroosterde maïskorrel; voor garnering
- 1 kopje gekookte zwarte bonen; gespoeld
- ½ theelepel gemalen komijn
- ¼ theelepel Chili poeder
- 1 zout; twee sleutels
- 1 versgemalen witte peper; twee sleutels
- 1 negen-inch voorgebakken taartbodem
- 1 serveren van pico de gallo
- 1 gehakte koriander; voor garnering

INSTRUCTIES:
a) Verhit olie in een koekenpan en kook paprika, ui en knoflook tot ze gaar zijn; zet opzij om af te koelen.

b) Klop in een kom eieren en room tot gecombineerd; roer de gesauteerde groenten en de overige ingrediënten erdoor en breng op smaak met kruiden, zout en peper. Giet het eimengsel in de taartvorm en bak 30 minuten of tot de custard stevig aanvoelt.

c) Kort afkoelen voor het aansnijden. Serveer met Pico De Gallo ernaast, bestrooid met geroosterde maïskorrels en gehakte koriander.

PADDESTOELENTAART

93. Exotische paddenstoelentaart

Maakt: 8 porties

INGREDIËNTEN:
- 2½ kopjes Meel; plus
- 2 eetlepels Meel
- 2 theelepels Zout
- ½ theelepel Cayenne
- 1 kopje Vet
- 2 eetlepels Ijswater
- 2 eetlepels Boter
- ½ kopje Gehakte uien
- Zout; twee sleutels
- Vers gemalen zwarte peper; twee sleutels
- 4 kopjes Gesneden exotische paddenstoelen
- 2 theelepels Gesneden knoflook
- 2 kopjes Heavy cream
- 3 eieren
- 1 scheutje Hete pepersaus
- 1 streepje Worcestershire saus
- 1 kopje Geraspte witte cheddar kaas
- 4 ons Parmigiano-Reggiano-kaas; geschoren
- 2 kopjes Erwten schieten

INSTRUCTIES:
a) Sprenkel witte truffelolie

b) Meng in een kom 2½ kopje bloem, 2 theelepels zout en ¼ theelepel cayennepeper. Snijd het reuzel in met een deegblender tot het mengsel op een grove maaltijd lijkt.

c) Voeg het ijswater toe en meng tot het deeg loskomt van de zijkanten van de kom. Vorm het deeg tot een bal en bedek het met plastic folie. Zet in de koelkast en laat 1 uur afkoelen.

d) Verwarm de oven voor op 350 graden. Haal het deeg uit de koelkast en laat het ongeveer 5 minuten rusten. Bestuif een werkvlak licht met de resterende bloem. Rol het deeg uit tot een ronde lap van 12 inch van ongeveer ¼ inch dik.

e) Vouw het deeg in vieren en plaats het in een 10-inch taartvorm. Rol een houten deegroller over de pan om het overtollige deeg af te snijden.
f) Prik de bodem van de korst helemaal in met een vork. Smelt de boter in een middelgrote sauteerpan op middelhoog vuur. Voeg de uien toe. Kruid met peper en zout. Sauteer gedurende 1 minuut. Voeg de champignons toe. Kruid met peper en zout.
g) Blijf 3 tot 4 minuten bakken of tot de champignons geslonken zijn.
h) Roer de knoflook erdoor en haal van het vuur. Koel volledig af. Klop in een kom de room en de eieren samen. Breng op smaak met ¾ van een theelepel zout, peper, hete pepersaus en Worcestershire-saus.
i) Goed mengen. Giet het champignonmengsel in de bladerdeegschaal. Strooi de kaas over de champignons. Giet het roommengsel over de kaas.
j) Bak tot het midden stevig is en de bovenkant goudbruin is, ongeveer 55 minuten. Haal uit de oven en laat 5 minuten afkoelen voordat je hem aansnijdt om te serveren. Meng in een kom de erwtenscheuten met de truffelolie. Kruid met peper en zout. Leg voor het serveren een plakje van de taart in het midden van elk bord.
k) Garneer elk met een stapel erwtenscheuten.

94. Bladerdeegtaartjes met champignons

Maakt: 30 Porties

INGREDIËNTEN:
- 1 pond Verse Champignons
- 1 medium Ui
- ½ kopje Peterselie; vers
- ½ kopje witte wijn
- streepje Hete pepersaus
- 4 Filodeeg; ontdooid
- 6 eetlepels Gesmolten boter
- 4 ons Monterey Jack-kaas; in blokjes gesneden

INSTRUCTIES:
a) Verwarm de oven voor op 400.
b) Snijd champignons, ui en peterselie. Combineer champignons, ui, peterselie, wijn en hete pepersaus in een grote koekenpan. Omslag.
c) Laat 5 - 7 minuten koken tot de champignons gaar zijn, af en toe roeren.
d) Dek af en kook tot de vloeistof is verdampt. Koel.
e) Bestrijk 1 vel filodeeg lichtjes met gesmolten boter.
f) Leg een ander vel deeg bovenop het eerste vel.
g) Bestrijk met boter. Herhaal met het resterende deeg en de boter.
h) Snijd de stapel in vierkanten van 2 - ½ inch.
i) Druk elk stuk voorzichtig in een niet-ingevette mini-muffinvorm.
j) Doe ongeveer 2 theelepels paddenstoelenmengsel in elk kopje. Bedek elk met een kaasblokje.
k) Bak gedurende 15 - 18 minuten of tot lichtbruin. Serveer warm.

95. van gegrilde aubergine en champignons

Maakt: 8 porties

INGREDIËNTEN:
- Bak spray
- 1 groot Aubergine; geschild en in plakken van ½ cm gesneden
- 6 groot Aardappelen; geschild en in plakken van ½ cm gesneden
- 6 groot Portabella-champignons; doppen en stelen gescheiden, doppen heel gelaten, stelen in plakjes
- Olijfolie om in te smeren
- 1 eetl Olijfolie; voor broodkruimels
- Zout en peper
- ¼ kopje Peterselie; gehakt
- ¼ kopje basilicum; julienne
- ¾ kopje Geraspte Verse Parmezaanse kaas; of Pecorino Romano
- 1 kopje Verse broodkruimels
- 1 eetl Olijfolie
- 1 kleine Ui; gehakt
- 1 Selderijstengel; gehakt
- 4 groot Tomaten; gezaaid en grof gehakt
- ½ kopje Geraspte wortelen
- 1 theelepel Verse tijm; of ½ theelepel gedroogde tijm
- 1 theelepel Vers citroensap
- 2 theelepels Verse peterselie; gehakt

INSTRUCTIES:
a) Make Relish: Verhit de olie in een niet-reactieve pan. Roer de ui en bleekselderij erdoor en fruit 3 minuten op middelhoog vuur.
b) Roer de tomaten, wortels, tijm en peper en zout naar smaak erdoor. Laat de relish zachtjes sudderen tot het grootste deel van de vloeistof is verdampt. Haal van het vuur.
c) Vlak voor het opdienen de relish weer opwarmen. Haal van het vuur en roer het citroensap en de peterselie erdoor.
d) Spuit het grillrooster goed in met kookspray. Verwarm de grill voor op middelhoog vuur. Bestrijk aubergine, aardappelen en

champignons goed met olijfolie en bestrooi ze aan beide kanten met zout en peper.

e) Spuit een taartvorm of taartvorm van 9 inch goed in met kookspray. Verwarm de pan in de oven of op uw grill, als deze groot genoeg is. Blijf warm.

f) Grill alle groenten aan beide kanten tot ze mooi bruin en zacht zijn. Snijd de hoedjes van de champignons in dunne plakjes. Maak lagen in de taart- of taartvorm - aubergine, aardappel, champignon, strooi wat peterselie, basilicum en geraspte kaas tussen elke groentelaag. Blijf warm.

g) Verhit in een kleine koekenpan de 3 eetlepels olijfolie op middelhoog vuur tot heet. Voeg broodkruimels toe en bak tot ze goudbruin zijn.

h) Toptaart met paneermeel. Serveer onmiddellijk met een klein plasje tomatensaus onder elke wig.

96. Champignon filodeegtaartjes

Maakt: 4 porties

INGREDIËNTEN:
- ¾ kopje Zuivel zure room
- 3 ons roomkaas; verzacht
- ¼ kopje Droge broodkruimels
- 1 eetl Gedroogde dille wiet
- ½ theelepel Zout
- 1 eetl Citroensap
- 4,5 Oz Green Giant gesneden champignons
- 1 Knoflookteentjes; gehakt
- ½ kopje Boter of margarine
- 8 Bevroren filodeegvellen

INSTRUCTIES:
a) Verwarm de oven tot 350 graden.
b) Combineer in een kom zure room, roomkaas, broodkruimels, dille-onkruid, zout en citroensap; meng goed. Roer de gesneden champignons erdoor. Opzij zetten.
c) Om lookboter te maken, kook je in een kleine koekenpan op laag vuur knoflook in boter tot ze zacht zijn, onder voortdurend roeren. Smeer 16 muffinvormpjes in met kruidenboter. Opzij zetten.
d) Bestrijk een grote bakplaat met kruidenboter. Rol filodeegvellen uit; dek af met plasticfolie of een handdoek. Borstel een filodeegvel lichtjes met kruidenboter; plaats op de beboterde bakplaat.
e) Bestrijk het tweede filodeegvel lichtjes met kruidenboter; plaats het bovenop het eerste beboterde vel. Herhaal met de resterende filodeegvellen. Snijd met een scherp mes door alle lagen filodeeg om 16 rechthoeken te maken.
f) Druk elke rechthoek lichtjes in een met knoflook beboterde muffinbeker. Schep een volle eetlepel zure roommengsel in elk kopje. Bedek elk met de hele paddenstoel en duw de steel in de vulling. Besprenkel met de resterende kruidenboter.

g) Bak op 350 graden gedurende 18-20 minuten of tot licht goudbruin.

97. Rokerige champignontaart

Maakt: 8 porties

INGREDIËNTEN:
- ⅓ BOTERGEBAK deeg
- 1 Eiwit, licht opgeklopt
- 2 eetlepels Boter
- 10 ons Verse champignons, in plakjes
- 7 ons Shitake-paddenstoelen, stelen weggegooid
- Eend champignons gesneden
- 1 eetl Gehakte verse knoflook
- 2 theelepels Gedroogde oregano, geplet
- ⅛ theelepel Grond zwarte peper
- ½ pond Gerookte mozzarella kaas, dun gesneden
- 2 eetlepels Rasp asiago of Parmezaanse kaas
- ⅓ kopje Walnoot stukjes
- 1 eetl Gehakte platte peterselie

INSTRUCTIES:
a) Verwarm de oven voor op 400 ° F. Rol het deeg op een licht met bloem bestoven oppervlak uit tot een ronde van 14 inch.
b) Breng over naar een 11-inch taartvorm met verwijderbare bodem.
c) Randen bijsnijden; prik met de tanden van een vork in de bodem.
d) Bekleed de deegschaal met folie en deeggewichten, gedroogde bonen of rauwe rijst. Bak gedurende 15 minuten.
e) Verwijder folie en gewichten.
f) Bak 5 tot 6 minuten langer of totdat het deeg goudbruin begint te worden. Borstel met eiwit; bak 1 minuut langer.
g) Laat volledig afkoelen op een rooster. Smelt boter in een grote koekenpan op middelhoog vuur.
h) Voeg champignons, knoflook, oregano en peper toe.
i) Bak tot de champignons goudbruin zijn en de vloeistof is verdampt, ongeveer 8 minuten; afkoelen tot kamertemperatuur.

j) Bedek de bodem van de taartschaal met mozzarella en snijd plakjes om gaten op te vullen.

k) Top met het champignonmengsel en bestrooi met asiago en walnoten.

l) Bak gedurende 20 minuten. Laat 5 minuten afkoelen op het rooster voordat u de buitenste ring verwijdert. Serveer warm.

98. Driedubbele champignontaart

Maakt: 10 porties

INGREDIËNTEN:
- 1 Ongebakken gekoelde taart Korst
- 1 kopje Gehakte verse shiitake Paddestoelen
- 1 kopje Gesneden vers wit of bruin Paddestoelen
- 1 kopje Gehakte verse oesters Paddestoelen
- ¼ theelepel Gedroogde marjolein
- 2 eetlepels Boter
- ¾ kopje Geraspte Gruyère-kaas
- ¾ kopje Geraspte Zwitserse kaas
- ½ kopje Gehakte Canadese bacon
- 2 Eieren, licht geslagen
- ½ kopje Melk
- 1 eetl Gesnipperde verse bieslook
- Canadees spek, dun gesneden
- Wiggen, optioneel

INSTRUCTIES:
a) Druk het deeg in een 9 "taartvorm met verwijderbare bodem. Flute; trim gelijkmatig met bovenkant. Lijn met een dubbele laag folie; bak op 450F. 8 minuten.
b) Verwijder de folie en blijf 4-5 minuten bakken tot het stevig en droog is.
c) Draai boven twee 375F.
d) Kook de champignons gaar in boter, 4-5 minuten, tot de vloeistof is verdampt.
e) Haal van het vuur.
f) Meng Gruyère, Zwitserse kazen en Canadees spek.
g) Voeg champignons, melk, eieren en bieslook toe. Giet in taartbodem.
h) Bak ongeveer 20 minuten tot ze stevig en goudbruin zijn.
i) Koel in een pan op een rooster gedurende 10-15 minuten. Verwijderen.
j) Snijd in partjes en garneer met Canadian bacon wedges.

99. Taartje van wilde paddenstoelen en geitenkaas

Maakt: 2 porties

INGREDIËNTEN:
- 375 gram kant-en-klaar bladerdeeg
- 1 Eieren; het ritme
- 50 gram Boter
- 250 gram Gemengde champignons p
- 2 grote Teentje knoflook
- 1 kleine Bosje platte peterselie
- 1 eetl Balsamico azijn
- 150 gram Geitenroomkaas
- 2 eetlepels Olijfolie
- 100 gram Cherry-tomaten
- 1 Citroen
- 1 kleine Bosje basilicum
- 100 gram babyspinazieblaadjes

INSTRUCTIES:
a) Verwarm de oven voor op 220c/425f/gas 7.
b) Leg het deeg op een licht met bloem bestoven oppervlak, snijd twee rechthoeken van 12x15cm/5"x6" uit en leg ze op een bakplaat met antiaanbaklaag.
c) Bestrijk het losgeklopte ei en markeer met de punt van een scherp mes een rand van 1 cm aan de binnenkant van elk taartje.
d) Prik met een vork gaatjes in de middelste rechthoek en bak ze in de oven gedurende acht minuten tot ze goed gerezen en goudbruin zijn.
e) Verhit een grote koekenpan met boter. Snijd de champignons grof in hapklare stukjes. Snijd de knoflook fijn en voeg deze samen met de champignons toe. Bak 3-4 minuten tot ze gaar en goudbruin zijn.
f) Hak de peterselie grof, voeg de helft toe met de balsamicoazijn en laat even meekoken. Kruid met peper en zout en reserveer. Doe de geitenkaas in een kom, voeg de rest van de peterselie toe en meng goed. Breng op smaak met peper.

g) Haal het deeg uit de oven. Snijd voorzichtig rond de binnenste rechthoek van het deeg en druk met een visplak het middenstuk van het deeg plat.

h) Zet de bladerdeegvorm nog 4-5 minuten in de oven tot hij gaar en goudbruin is.

i) Voor de salade: verwarm de olijfolie in een kleine pan. Snijd de kerstomaatjes doormidden en doe ze samen met de citroenrasp en een scheutje sap in de pan. Meng goed en breng op smaak met zout en peper.

j) Doe de spinazie in een kom en giet de warme dressing erover.

k) Haal de taartjes uit de oven, schep de geitenkaas erin en bedek met de warme champignons. Schep op een bord en serveer met de salade.

100. Taartje van wilde paddenstoelen en pecorino

Maakt: 1 portie

INGREDIËNTEN:
- 3 eetlepels Olijfolie
- 2 Handjes gemengde boschampignons
- 1 groot Kruidnagel en knoflook; fijn gesneden
- ¼ Citroen; pit van
- 2 eetlepels Platte peterselie; grof gehakt
- 2 Vellen bladerdeeg
- De dikte van 2 lucifers
- 75 gram Jonge pecorino-kaas; dun gesneden

INSTRUCTIES:
a) Verwarm de oven voor op 200C.
b) Verhit de olijfolie in een koekenpan, voeg de champignons toe, breng op smaak en bak snel gaar.
c) Roer de knoflook, citroenschil en peterselie erdoor. Haal van het vuur en zet opzij.
d) Vet een bakplaat in. Leg er twee vellen bladerdeeg op. Leg de champignons in een laag in het midden van elk vel. Schuif in de oven en bak 20-25 minuten, of tot ze goudbruin zijn.
e) Haal uit de oven en bestrooi met Pecorino en zet terug in de oven voor 3-4 minuten. Verwijder en serveer onmiddellijk.

CONCLUSIE

Genieten van een taart uit de winkel is een van de simpele geneugten van het leven, maar de gedachte om zelf een taart te bakken lijkt misschien een ontmoedigende taak, vooral als je alleen maar hebt geprobeerd koekjes en brownies te maken. Als je taarten wilt maken, maar niet weet waar je moet beginnen, zal dit KOOKBOEK je door de soorten taarten en recepten leiden die je nodig hebt om aan de slag te gaan. Genieten!

Ingram Content Group UK Ltd.
Milton Keynes UK
UKHW020622210623
423802UK00010B/136